오늘의문학시인선
440

짧은 여정,
긴 여운

강헌규
기행(紀行) 시집

오늘의문학사

국립중앙도서관 출판예정도서목록(CIP)

짧은 여정, 긴 여운 : 강헌규 기행(紀行) 시집 / 지은이:강헌규.
-- 대전 : 오늘의문학사, 2019
p. ; cm. -- (오늘의문학시인선 ; 440)

ISBN 978-89-5669-984-4 03810 : ₩9000

한국 현대시[韓國現代詩]

811.7-KDC6
895.715-DDC23 CIP2019002585

짧은 여정,
긴 여운

강현규 기행(紀行) 시집

| 서문 |

이 여행기는 오래 전부터 써 두었던 것들의 일부를 묶은 것이다. 자랑하기에는 부끄럽고 버리기에는 아까워 살그머니 출판하기로 하였다. 배부르고 한가하여 놀러다닌 기록이 아님을 밝히고 싶다. 무언가 새로운 것들의 충전을 위한 과정이었다고, 부끄러워 귀엣말로 고백하고 싶다. 딴은 꽤 여러 나라 적지 않은 곳을 돌아다녔다고 속으로는 생각하고 있다. 부모님의 은혜, 나라의 은덕임을 잘 알고 있다. 다른 나라 사람들과 여행 하면서 국경을 넘을 때다. 한 외국인 여행친구가 그의 국내 사정으로 국경 통과가 보류되는 것을 보고 이를 절감하였다.

본 여행기는 중복되는 내용도 있고 사실과 다른 곳, 잘못된 곳, 내 편견의 기록도 있을 것이다. 실제로 여행 중 보고 느낀 것을 적어서 발표한 글에 잘못된 것, 틀린 것들이 있음을 뒤에 발견한 적이 있다. 여행 현지 안내자의 말을 아무 검토 없이 그대로 옮겨놓은 데서 생겨났다. 여행 가이드의 안내 설명에도 앞과 뒤가 다른 것이 있음을 발견하기도 하였다. 여행 안내자도 자기 나라의 관광지 및 역사에 대하여 신처럼 정확히 안다는 것은 무리다. 그러련해야 한다.

필자는 여행 현지에 대한 언급의 말미를, 정확히 하자면 다음과 같이 말해야 한다고 생각한다.

"여행 가이드가 그러는데 '~라고 하더라.'"

이렇게 쓰려고 노력하다가 지쳐서, 이를 생략한 데가 더

많다. 게으른 탓일 것이다. 필자는 지구가 둥글다는 것도 믿지 못하는 사람이다. "지구는 둥글다."라고 말하는 사람에게 필자는 항상 속으로 말한다. '네가 봤어? 누구누구라고 하는 사람처럼 우주선에서 지구를 봤어? 보고 하는 말이야?' 속으로만 하는 말이다. 다음과 같이 말해야 옳다고 생각한다.

" '지구는 둥글다.'라고 선생님이 그러셨고, 책에도 그렇게 쓰여 있어. 선생님의 말씀이나 책에 쓰여 있는 것이 다 옳은 것도 아니지만."

이는 어린 시절의 믿음에서 비롯한다.

"할머니, 집에서 멀리멀리 나가면 어디유?"

"땅끝이지. 땅끝은 낭떠러지여서 뚝 떨어지면 죽어."

할머니의 이 말씀은 나로 하여금 이 땅덩어리를, 두부나 묵의 가나 모서리를 생각하게 하였다. 이 같은 생각은 학교 공부로 깨졌다. 나는 등잔불로 밤을 밝히면서 어린 시절을 보냈다. 등잔불이 어둡다고 생각되지는 않았다. 전기가 처음 들어왔다. 소케트에 달린 스위치를 돌렸을 때의 그 광명한 세계의 경이에 놀랐다.

'지구는 둥글다.'라는 배움은 내게 이 같은 경이였다.

이 긴 이야기는 지식이란 것의 불완전성 혹은 가변성을 빙계로 한, 필자의 오류에 대한 둔사(遁辭)일 수도 있다. 그저 그러련해 주길 바란다.

부족한 글을 잘 다듬어 예쁜 모습으로 출판해 준 리헌석 이사장님께 고맙다는 마음을 드립니다.

2019. 1.

강 헌 규 쓰다

1부_ 시에 담은 세상 보기

2부_ 산문에서 여운 찾기

1부

시에 담은 세상 보기

캄차카 푸른 물결

(2007. 8. 13. ~ 2007. 8. 17.)

말로만 들어오던 곳
지도에서만 보아오던 곳
아시아 대륙의 북동쪽 끄트머리에
고구마처럼 감자처럼 매달린 반도
땅 부자의 자투리땅이
우리 선대(先代)의
피땀 어린 유산 모두보다
몇 배 더 넓은 땅.

아득히 너부러진 잡초 밭이 아까워
야생화가 군락(群落)으로 곱게 피었다.
보랏빛의 이반차이꽃이 신혼의 꿈으로 피었다.
무성하기만 다를 뿐
이 위도(緯度) 높은
추운 땅의 여름 한철에는
한풀이하듯
낯익은 쑥, 질경이, 민들레 등이
이름 모를 풀 틈에 끼여
키 겨룸을 하고,
우리에겐 귀한 꽃나무 자작은
지천으로 널려
귀족 태생의 흰 살갗을
이 나라 여인들의 흐벅진 가슴처럼
헙헙하게도 드러내어 보이고 있다.

헤어져 떠나는 날에사
유두분면(油頭粉面)으로 다가서는
만년설을 인 산아
지금은 우리에게
침실을 마련할 시간이 없지 않느냐
우리는 세상일로
때 묻은 마음을 가진 뜨내기였기에
순백(純白)의 사랑을 아니 주려 하였는가?

잡초 무성한 곳곳에 빈 집
무너지고 녹슬고 퇴색한 건물
항구에 누워버린 큰 배는 모두
군함인가 상선(商船)인가
너희 옛 영화의 잔해인가?
왕후장상(王侯將相)의 집안에도
거지는 있다 하더니
흰빛 살갗을 가진 사람들 나라에도
가멸지 않은 나라는 있는가
이상(理想)은 현실이 될 수 없는가
현실은 이념(理念)이 아닌가
남의 영화를 투기(妬忌)함도
기욺을 고소해 함도
대인(大仁)의 마음은 아니나
마음의 흐름을 어찌하랴.

'공주대학교 스쿨버스'를 보았단다.
'분교(分校)'가 이 나라에도 있었던가?
마침 여기의 한 대학과 우리의 모교가
'M.O.U.'를 체결하던 날이었다.
'롯데' 회사 버스,
'시민 자율 버스',
'부산교통',
'부평역' 가는 버스,

우리가 쓰다 넘긴 것을 쓰는 이들이
그 표한(剽悍)한
칭키스칸의 후예 말고도 또 있었구나
저기 운 좋게도 눈에 띈
우리의 모 전자회사의
아침까지 빛나는 광고 간판
나는 오만해지고 있었다
일제(日製) 고급의 세단과 카메라가 즐비한
일본인들의 마음을 헤아리다
또 비굴해졌다가
50여 년 전
코 묻고 때 묻은 손으로
'김미 초컬릿', '김미 추잉껌'
매달리던 시절을 생각했다.

저기 중년의 여인이 간다.
저 풍만한 가슴을 보아라.
저 푸짐한 히프를 보아라.
처녀 시절엔 다듬은 옥이
중년 이후엔 펌프킨(pumpkin)으로 바뀜은
하늘의 고른 이치인가?
통통한 처녀가
허물 벗은 게가 된 아내의 손을 잡고
곁눈질로 둘이서 산술(算術)을 공부한다.

결론은 모두가 두 배에유 두배.

도끼자루 썩는 줄 모르고
신선(神仙)과 선녀(仙女)로 산 몇 날 후
돌아와 내 나라 땅에 서니
여권(旅券)이 나인지 내가 여권인지
몰라도 좋지 않은가.
아옹다옹함이야 남이 아니란 증거
이웃사촌이라 하지만
좋은 일엔 이웃
궂은 일엔 피붙이라 하지 않았던가?

하이난섬 여흥(餘興)

(2008. 1. 16. ~ 2008. 1. 19.)

이곳은 원래 여족(黎族) 묘족(苗族)의 땅
해남도(海南島) 하이난성(海南省)
죽을 때끼지 해도 다 못한다는
못 다한다는 세 가지 것 ;
배워야 할 그 많은 중국 글자
먹어 보아야 할 가지 많은 중국 음식
여행해야 할 기이한 것 많은 넓은 땅이 있다는
인다(人多), 물다(物多) 지광(地廣)한 나라의 땅 끝
이제 보고 가면 생전에는 다시 오기 어려유 곳

쿵시화차이(恭禧華財), 신(鑫 : 흠)
"돈 많이 버세요"가 최고 인사인 나라,
무호적(無戶籍)의 서러운 출생이 1억 넘어
총인구 14억이 넘는다는 나라
55개 소수 민족 포함 총 56개 민족으로 된
형형색색의 나라
붕붕붕 자본주의의 그 좋은 돈맛을 본 그들
북경 올림픽을 치러 세계의 중심으로 뛰어오르려는 그들
아편전쟁 이후를 설원(雪冤)하려
유다유창(又大又强 : 더 크고 더 강하게)을
속으로 다지는 저들
나는 하이난섬 관광지에서 그들의 숨은 오기를 보았다.

카드 카자(卡)를 만들어 씀에 웃고
뷔페(buffet)를 '자조찬(自助餐)'이라 하는 데에 놀랐다
아직도 많은 사람들이 칸막이 없는 재래식 변소에서
엉덩이 드러내놓고 용변 보면서
세상사 얘기한다 하지만,
절치부심(切齒腐心)하면서
누천년 조공 바치던 졸부(猝富)들을 노려보는
무서운 눈을 나는 보았다.
곳곳에 그들이 써 놓은
우리의 자랑 훈민정음의 뜻을 알았다.
대왕 세종의 뜻이 아님도 보았다.

'어서오십시오', '화장실', '황제 맛사지'

그래도 저래도 나는
내 짐도 못 잘 챙기는
세상에 오활(迂闊)할손
한낱 관광객이어서
깔끔히 치워진 내 숙소에 돌아와서는
나 없는 사이에 다녀간
궁금한 우렁각시가 좋아할
미국 돈 1불을 미리 눌러놓고
배 타러 나갈 때는 멀미할까 봐서
들은 풍월대로
'귀미테' 붙일까 '그미테' 붙일까 망설이다
그미테 물옷[水泳服]을 붙이고
타는 부끄러움을 물안경으로 감추오고
바닷물에 자맥질도 하여 보았다.
물질 흉내도 않고 돌아가면
살아서는 다시 못 올 곳이기에 그랬다
아, 그러나 이 곳 물속이
백상아리의 고향임을 알고서는 더욱 추웠다.
"학교 다녀오세요."란 말이
학교는 '학문(學問)'을 닦는 곳이니
'화장실' 다녀오라는 말임을 듣고서야,
내가 휴일도 없이

이른 아침 가방 들고
학교로 연구실로 출근한 이유를 알았다.

바닷가 모래톱을 호온자 걸었다
신발은 벗어들고 바지는 걷어 올렸다
파도가 밀려온다
발밑을 치고 오른다
하얀 포말을 일으켜 달려와서는
스르르 물러간다 밀려간다
그러나 또 으르렁거리면서 달려온다.
권토중래(捲土重來) 권토중래(捲土重來)
저 질긴 으르렁거림
물결이 안 닿는 곳을 따라
반듯하게 걸어본다
이제 돌아보자
일흔 가까운 나이에
철없던 어린 시절에 쓴 일기를 보듯
돌아 서 본다
팔팔팔 포개 선 八자가 꾸불꾸불.
조심스러이 다시 걸어본다
멀리 있는 한 점을 보고 걸어본다
발가락을 안으로 옥이고 걸어본다
한참 걸었다
돌아보았다

또 구불구불 八의 연속이었다
앙드레 김이 따로 있겠느냐
시선을 먼 곳에 못박아 놓고
무릎을 포개듯
걸음쇠 옮겨 놓고 또 옮겨 놓듯
걷고 또 걸어 보았다
다시 돌아 서 보았다.
아, 이것이다 이것이다.
나는 어린아이처럼 기뻐하고 있는데
저기 파도가 크게 소리치면서 달려오고 있었다.
"백면서생아,
그것은 일상의
건강한 걸음걸이가 아니니라."
걷어 올린 바지가 젖을까만 걱정되어
뭇사람의 발자국이 뒤섞인
마른 모래밭으로 서둘러 올라섰다.
나의 도덕 교육에 내가 피로했다.

인도여, 녹야원이여

(2008. 1. 25. ~ 2008. 2. 1.)

별러만 오던 인도 여행길에 올랐다.
비행기를 타면 틀림없다고 했다.
차곡차곡 얹혀져 앉혀진 좌석에 묶여서
먹고 마시고 군소리 말라는
기내식에 길들여지기 시작했다.
그리고도 심심하면
자든지 졸든지
바보상자를 보든지
책이나 읽든지

긴긴 13 시간의 유폐,
날아오르면 기어내리는 법
인디라 간디 공항
가이드는 이름도 '아름다운 세상'(노사드 알람)
한국어 전공의 네루대 석사과정 1기.

한반도 넓이의 15배, 11억 인구, 28개 주,
15개의 언어가 말해진다는 나라
부처님 나신 나라, 타골을 낳은 나라
우리의 멋쟁이 여류 시인 영운(嶺雲)과 사랑을 나눈
정치가 메논(Menon, Krishna, 1897~1974)이 살았던 나라
6.25전쟁 후 포로 석방 그 후
남도 북도 다 싫다 하고 우리의 젊은이들이 찾아간 나라
그들은 모두 어디에 있는지.
힌두교, 회교, 시크교, 기독교, 불교, 자이나교 등
종교의 나라,
세 개의 눈을 가진 최고의 시바(Siva)신,
세상을 창조한 브라마(Brahma)신
악귀를 죽인다는 화신 비슈누(Visnu)신
신의 나라.

깨달음을 얻으신 후
5인의 수행자를 데리고 오신
초전법륜(初轉法輪)의 땅

녹야원(鹿野苑 : 사르나드 : Sarnath : 사슴 사는 동네)
중생을 제도하오시려
고난의 길을 자초하셨던 금지옥엽의
모습을 어디에서 찾을까?
훗날 아쇼카왕의 갸륵하옵신 마음이
임의 뜻을 전탑(塼塔)으로 쌓아 올렸네.

인류는 신의 자손으로 평등이라 하건만
내 앞에 큰 감 놓으려는 마음은
동서도 고금도 하나인가
마하트마 간디
그도 카스트(caste)의 희생물 바이샤로 배척받았다던가?
나뉘어 다투니 코끼리가
개미밥이 되었던가
브라만, 크샤트리아, 바이샤, 수드라
서러운 식민지 90년을 벌써 잊었는가
저 장엄한 72.5m 쿠트브미나를 보아라
승리한 자의 탑을 보아라
승리가 정의이고 힘이 정의가 아니냐
나마스테(안녕하세요)
단야와드(DHANYAWAD : 감사합니다).

갠지스강, 일출을 보러
6시, 눈 비비며 숙소를 나섰다

시바신의 머리카락에서 나왔다는 이 강물
높고 높은 설산에서 흘러온 여신
배를 타고 강위에 떠보았다
저기 불같은 신심으로
이 차디찬 성수(聖水)에 목욕을 한다
부족하여 헤엄쳐 강을 건너기도 한다.
겐다꽃 촛불을 강에 띄워
복을 빌어 보았다.
덧없는 짓.
아, 저기 붉은 아침 해가 솟아오른다.
죽고 태우고 흐르고 하여도
저기 아침 해는 새로이 솟아오른다
어디 가나 사라사라 기념품을 사라
배를 몰고 와서까지 달라붙는다

빨래하는 카트 저기 아래에는
흰 연기로 날아가는 한 줌 중생
24시간 화장 카트
타다 남은 장작 토막과 식어서 더욱 흰 재가
추레하니 누워 있다
지금 살아서 돌아다니는 이들도 태우려고
통나무 장작더미가 계단마다
높이높이 동글동글 쌓여 있다.
허전함에 머물러 있을 수만은 없다.

아직 아침 식사 전이다.

바쁜 걸음인데
사람 둘이 비키기도 좁은 골목에
쿵쿵쿵 걸음걸이도 당당하게
우수(憂愁)를 머금은 순하디 순한 눈에
큰 귀를 늘어뜨린 그가 이마 앞에 다가왔다
질겁을 하고 비켜섰다.
유유히 걸어가는 뒷모습에서
오늘의 인도 성자를 보았다.
가정의 대문에 서면 신심(信心) 도타운 주부
"소 어머니 드세요." 음식 대접 받고
거리에 나서면 쓰레기 보시(布施).
그래도 군말 한 마디 없이
초라한 주인집 찾아 돌아와
마른 가슴 드러내어 주인 먹였다
이 어찌 성자의 모습 아닌가
어머니 마음 아닌가.
공항검색대보다 더 삼엄한
시장 골목 안 사원 입구에서
테러에 대한 오늘의 인도 심경을 보았다
1400kg의 황금을 입었다는 황금사원
금(金)은 신(神)도 좋아하시나 보다.
나는 종교란 무엇인가

더욱 모르게 되었다.

사방 8km, 학생 4만 명의 힌두대학(BHU)에 들어섰다
가이드는 대학의 규모를
몇 번이고 자랑으로 되뇐다.
땅이 넓으니까 그러지,
먹은 것도 없이 배가 아파
과소평가하려는 옹졸한 나의 소갈머리.

카마수트라 입구 좌측에 서 있는 두 탑:
규모만 좀 더 클 뿐
좌측은 석가탑 우측은 다보탑 같다는 인상
카마수트라[섹스 방식]
여기가 앙코르와트인가
오늘날 서구의 성문화는 저리 비켜라.
가이드가 제의한다
코끼리가 웃는 모습을 보여 준단다:
출정(出征)하는 군인을 태우고
코끼리가 전쟁터로 가고 있다.
저기 남녀가 불이 일도록
벌거벗고 운우지정에 빠져 있다
성자 코끼리가 보았다.
가소로운 인간들이라고 웃었다.
코끼리가 길을 좀 잘못 들었나보다

등위의 군인이 똑바로 가라고 채찍을 가했는가
성자 코끼리도 화가 났다
등위의 군인을 떨어뜨려 버렸다
발로 밟아 죽이려는 시늉만을 하고 있다.
모시고 가는 주인님을 죽이려는 뜻이 아님은,
익살 궂은 표정에서나
들어올린 발 모습으로 알 수 있었다.
주인님, 너는 내 등 높이 앉아 다 보고 즐기면서
나도 좀 흘낏흘낏 보는 것조차 말리는 데 심통이 났다 왜.
우리는 소가 웃을 노릇이었는데
이곳 카마수트라에서는
코끼리가 웃을 노릇이었다.

사랑하는 그녀를 그리워그리워하다
말 엉덩이도 아름다워 수간(獸姦)도 보인다.
성(聖)은 성(性)과 통하는 것인가
성(聖)은 속(俗)과 통하는 것이어야 하는가
흰옷의 쇠담바파, 나체의 네감바파
그림으로만도
이야기로만도 신기하다
다양성 속의 통일
인류의 영원한 과제
다양성이 관용에서 비롯함이 아니라
천성으로 허락됨은 아름다운 것.

어둠이 깔린 야시장 거리를 달리는
두 눈에 불을 켠 차차차들 속에
나도 타본 바이클 릭사
자동차의 경적, 오토바이들의 아우성, 자전거의 미끄러짐
아무리 친해도 둘 사이에 바람 통할 간격만 있으면
사고가 아니다 불륜이 아니다
가난은 보기 좋은 것은 아니지만
편리한 것도 아니고 자랑도 아니다.
나라의 것을 보면 더욱 분명해진다.
청부(淸富)는 좋은 것이여
근검절약에 의해 쌓은 가멸짐은 좋은 것이여.
기업을 일으켜 쌓은 청부는
뭇사람을 먹여 살리는 좋은 것이여.

나는 잠시 관광객으로서 사치스러운 생각에 빠졌다,
오만스러운 생각에 빠져 보았다.
숙소에 돌아와서 보았다
한 고위(高位) 브라만 집안의 어린 아이를 위한
호사스러운 '문단(mundan)' 행사를 조금 보았다.
가난함이 아니라
고르지 못함이 병인 것을.

고급 호텔 방에서 자고도 병을 얻고
호텔 식사에도 배탈이 나서 드러눕고

양냥이부리는 내 알량한 건강은,
낯설고 물 선 남의 나라에 와 총칼로 싸워서 이겨
수십 배 더 큰 땅을 머슴으로 삼은
겉모습 영국신사들께 부끄럽기 그지없었다
국부(國富) 덜어서 광내는 내 관광은
죄 많은 사람이 또 죄짓는 것.
지갑 속 달라를 펑펑 쓰면서
가난한 나라의 가난하고 불쌍한 사람
그들 좀 돕자는 말씀은 하시지나 마시지.
우리에게도 수출할 만큼, 역마다 노숙자 많다네.
가게 앞을 지날 때 우리에게 하는 말
관광 손님 우리를 부르는 말
'천천히', '천천히'
너무 '빨리빨리'하는 우리들에게 하는 말이다.

야무나강가의 타지마할(Taj Mahal)행
'타지'란 '왕관', '마할'이란 '궁전'이란 뜻이라네.
무굴제국 황제, 순정의 사나이 샤자한(Shah Jahan)과
더없이 사랑하는 왕비 뭄타즈 마할(Mumtas Mahal)의
슬픈 사랑의 이야기
너무 사랑하는 사이는 신이 저주하는 것인가요?
너무 행복한 사이는 신이 떼어놓는 것인가요?
열넷 자녀를 낳고 또 낳다가 사랑하는 왕비가 죽었다네.
전장에 나갔다가 허겁지겁 돌아와

임종을 지키면서 하는 왕의 약속 :
다시는 결혼하지 않겠어요.
화려한 무덤을 만들어주겠어요.
약속대로 다시 결혼하지 않았어요.
22년의 세월과 수십만 백성들의 피, 땀, 눈물과 공 들여
'왕관의 궁전'처럼 화려한,
밝은 달빛 아래 보면
더욱 아름다운 '궁전' 만들었어요(1631~1653).
다시는 누구도 더 아름다운 '왕관의 궁전' 못 만들도록
만든 이의 두 손마저 잘라버렸어요.
야속할손 열다섯 자녀 중 두 딸 세 아들만 살아남았고
배반할 수 없는 아들에게 유폐된 샤자한은
강 건너 아그라성(Agra Fort)에서 멀리 왕비의 무덤만을
매일 바라보다가 죽었다네.
죽어서 명명한 속에
왕비의 무덤 옆에 나란히 누워 있었네.
애닯고도 슬픈 사랑의 이야기였네
지금 그들의 사랑이 어디 있는가 둘러보았네
허공을 나는 앵무새들의 지저귐만이
요란스러울 뿐이었네.

세상의 범상한 부부들아,
남편에게 구박받아 가면서라도
혹은 소 닭 보듯 닭 소 보듯 하면서라도

오래 사는 편이 낫지 않소?
왕비처럼 극진한 사랑받다가
37 이른 나이에 일찍 죽느니보단.
개똥밭에 굴러도 이승이 더 좋지 않소?
그러면 세상의 잉꼬 부부들이여
지금 그리고 여기서부터 매일은 아니고 가끔
투닥탁 툭탁 부부싸움 좀 해보자구요
다만 밤에는 딴방에서 자지 말구요
한 방에서 바보상자만 보지 말구요.

자이푸르[pink city]의 색깔은 고와도
쌓느라고 공들인 백성들의 노고는 어디갔는가
그 피나는 노고 덕택에 라이스탄(임금 사는 동네)은 안전
그 음덕으로 그 자손들 벌어먹고 산다니 고마운 일
성자 코끼리 등에 무엄히도 올라 오른 하늘성(amber fort)
거울의 궁전 촛불 밝혀 반사하게 한
방안 밤풍경이 그럴 듯했겠다
너무 많은 보석을 달아 일어설 수도 없어서
의자에 앉아
궁녀들이 밀고 다녔다는 영화는 어디로 갔는가.

아, 건기(乾期)라 하지만 목마른 물 물
절대 권력의 궁전을 지킬 해자(垓字)에도 마른 물
소도 목마르고 말도 목마르고

풀도 나무도 흙도 목이 말라
가루로 먼지로 날아오른다.
비여 비여 목마른 비여.
애써 가꾼 난공불락의 하늘성(amber fort)도
물이 없어 자이푸르로 옮겼다. 물 물 물.

곳곳에 가지와 뿌리가 뒤엉켜
오른 넓은 잎의 보리수를 찾아보았다
그 나무 아래에서 불타의 고행을 생각했고
슈베르트의 '보리수'[Der Lindenbaum]를 생각했네
차로 달려도달려도 노랑 유채꽃
죄송스럽지만 거추장스럽고 치렁치렁한,
나도 입고 있는
벗어버려도 좋을 듯한 관념의 옷들
비렁이 자루 찢는 듯한,
내 마음에도 엄존하는 카스트 제도들.

귀국하여 공항을 나와 안 놀라운 사실
인노의 수상이 돌아갔단다
누구였는가 인도에 있었으면서도
몰랐다 전혀 몰랐다.
가까이 있으면 모르는 것인가
말만 듣고 맛도 못본
카주르나무가 있어

마을 이름도 카주라호(Khajuraho)가 되었다는
카주르나무에서 나온 액으로 만든다는
타리술도 맛보고 싶다.
세계적 부호를 낸 인도라는데
가난이 쪼르르 흐르는 초가집 움막
IT 강국의 인도에 신비의 다신(多神) 신앙과
동글납작하게 말려 쌓아놓은 소 차반 땔감
복잡한 도심 교통 한복판을 어슬렁거리는 소들의 산책
아무도 불편하게 여기지 않는 마음
'심장'을 뜻한다는 인도의 '델리' 뉴'델리'를 다녀와서도
더욱 모르겠다.
늘 껍데기만 살다가는 것이지 뭐
농사를 짓는대도 지표(地表)만 달싹이다 마는 것이지 뭐
부부로 해로하여 산대도 속속들이 아는건가 뭐?
지하 수천 미터 파 들어간 막장 그곳이라고
백과사전 펼쳐 있었던가?

다만 존경스러운 이는
도타운 불심으로 수만리 바닷길로 와서
불사막을 걷고 걸어서
오늘, 하늘을 날아가고 날아와서도 힘들어 하는
그 먼 곳 성지를 순례하고 돌아와
80 넘게 살며(704~787) 큰 일 해낸
혜초 스님의 구도정신이 존경스러울 뿐이다.

그인들 어찌 고국 고향이 애가 타게 그립고
발이 부릍고 목이 타지 아니했겠는가?

* 그에게도 보통 사람의 고뇌가 없지 않았으니, 왕오천축국전에 보이는 시. 다섯 편 가운데 세 편만 보인다.

1. 마하보리사(摩訶菩提寺)에 아직 도착하진 않았으나 혜초 본래의 소원에 맞아 쓴 시

불려보리원(不慮菩提遠) :
보리수가 멂을 근심하지 않는데
언장녹원요(焉將鹿苑遙) :
어찌 녹야원이 멀리요?
지수현로험(只愁懸路險) :
다만 매달린 것 같은 길이 험함을 걱정할 뿐
비의업풍표(非意業風飄) :
이미 바람이 휘몰아침도 생각지 않는도다.
팔납성난견(八塔誠難見) :
여덟 탑은 참으로 보기 어려우니
참치경겁소(參差經劫燒) :
어지러이 오랜 세월에 타버렸도다.
하기인원만(何其人願滿) :
어떻게 그 사람의 소원이 이루어질까?

목도재금조(目覩在今朝) :
눈으로 목도함이 오늘 아침에 있도다.

(왕오천축국전 원시p.96, 역시p.39)

2. 남천축(南天竺)의 여행길에서 여수(旅愁)를 읊은 시

월야첨향로(月夜瞻鄕路) :
달 밝은 밤에 고향 길을 바라보니
부운삽삽귀(浮雲颯颯歸) :
뜬 구름은 너울너울 고향으로 돌아가네.
함서참거편(緘書參去便) :
나는 편지를 봉하여 구름 편에 보내려 하나
풍급불청회(風急不聽廻) :
바람은 빨라 내 말을 들으려 돌아보지도 않네.
아국천안북(我國天岸北) :
내 나라는 하늘 끝 북쪽에 있고
타방지각서(他邦地角西) :
다른 나라는 땅 끝 서쪽에 있네.
일남무유안(日南無有雁) :
해가 뜨거운 남쪽에는 기러기가 없으니
수위향림비(誰爲向林飛) :
누가 고향 계림(鷄林)으로 나를 위하여 소식을 전할까?

(원시p.98, 역시pp.44~45)

3. 삼장성교(三藏聖教)에 밝고 정통한 중국인 중의 갑작스러운 병사(病死)소식을 듣고 슬퍼서 쓴 시

고리등무주(故里燈無主) :
고향집의 등불은 주인을 잃고
타방보수최(他方寶樹摧) :
객지에서 보수(寶樹)는 꺾이었구나.
신령거하처(神靈去何處) :
신성한 영혼은 어디로 갔는가?
옥모이성회(玉貌已成灰) :
옥 같은 모습이 이미 재가 되었구나.
억상애정절(憶想哀情切) :
아! 생각하니 애처로운 생각 간절하고
비군원불수(悲君願不隨) :
그대의 소원 못 이룸이 못내 섧구나.
숙지향국로(孰知鄉國路) :
누가 고향으로 가는 길을 알 것인가?
공견백운귀(空見白雲歸) :
부질없이 흰 구름만 돌아가네.

(원시p.99, 역시p.49)

하카타[博多], '일동장유가' 작은 여적(餘跡)

(2009. 6. 4. ~ 2009. 6. 8.)

1970년대 '80년대
목포에서 제주도 수학여행 인솔 차 뱃길
몇 년 전 대마도 행 뱃길에서의
멀미를 지레 겁낸 것은
세상 바뀐 것을 몰랐던 탓이었나?
일동장유가(日東壯遊歌)의 신산(辛酸)한 뱃길은 아니어도
뱃길이란 적어도
2층 3층 배의 난간에서 털퍽털퍽
반소화물을 다하여

쓴물까지 바다에 떨어뜨리고
샛노란 얼굴로 선실 여기저기에
쓰러져 누워 있어야 제 맛인 걸.
부산에서 후쿠오카까지
3시간이 다 안 걸린다면
일제 강점기 관부 연락선 안의
엘리트 일본 유학생들도 놀랄 일이다.
여기가 하카다(博多)인가 후쿠오카(福岡)인가
여말(麗末) 정몽주가
선초(鮮初)의 신숙주가 지나간 곳
일제 강점기
'서시(序詩)', '별 헤는 밤', '또 다른 고향'의
어린 윤동주(尹東柱, 1917~1945)가
차디찬 감옥의 어두운 방에서 죽어간 곳
해방되던 해 2월에 돌아갔으니
여섯 달만 더 살아 있었더라면
빛을 볼 수 있었을 걸
살아남은 자들의 욕심이다.
'죽는 날까지 하늘을 우러러
한 점 부끄러움이 없기를
잎새에 이는 바람에도
나는 괴로워했다.'는
칼날 같은 젊은 지성에게
태풍에도 무딘 나의 감성은

부끄러움과 두려움을 함께 느꼈다
그의 시혼(詩魂)이 고뇌하던 자리는 어디일까
그 절망의 네 벽이 있던 자리는 어디일까.

저기 노면전차가 꿈속처럼 다가온다
딸랑딸랑 설렁줄에 매달려
남대문 앞의 전차가 온다.
우리는 모두 걸어버린
남대문 앞의 전차가 온다.
이름이 복강(福岡)이어선가
뒹굴어도 흙 묻을 걱정 없을 거리에서
나는 심술궂게도
사람 사는 거리가
이렇게 깨끗해도 되는가를 생각하다가
버린 꽁초를 찾다가
화단에서, 길 중앙분리대에서
웃자란 잡초를 찾고서 웃었다.

박물관은 승자의 전시실인가
살아남은 자의 전시실인가
한 껍질만 벗기면 우리 아픔의 전시실이었다.
시마바라(무사마을)의
찰찰찰 흐르는 맑은 도랑물은
나 어릴 적

창포(菖蒲) 심겨
소나기 쏟아지면
미꾸라지 새물내 맡고 올라오던 곳.
손을 담가 움켜보아도
살랑살랑 웃기만 하며 흘려내린다.

운젠지옥(雲仙地獄 : お糸地獄),
대규환지옥(大呌喚地獄)
유황 냄새 진동하고
펄펄펄 땅속 더운 기운이
하얀 김으로 풀풀풀 솟아오르는 무서운 곳
지은 죄 많아 땅속 유황 지옥이 더욱 두렵지만
저기 바위 녹은 물 조금 식은 땅위에
위태위태하게 서 있는 푸나무들처럼.
철모르는 척 웃으면서
지옥문 지나왔다고
나 카메라 앞에 섰었네.

1945. 8. 6. 11. 02.
인류 역사의 순간, 일본 운명의 순간
나가사키에 떨어진 원자폭탄의 비극
형무소의 간수도, 죄인도, 공무원도, 학생도, 민간인도
버섯 구름아래 녹아내렸단다.
유리병이 녹아 내렸는 데

물툼벙이 사람이야 그 여린 살결이야
일러 무삼하리요.
힘 있다고 남을 괴롭혀서야
더 힘 있는 자에게 당하는 법
제 땅에서 한 번도 져 본 적 없다는 오만이
한꺼번에 무너진 아픔을 어쩌지.
여기는 나가사키 원폭자료관, 평화공원
공원 정중앙에 남향하여
일본 무사풍으로 앉아 있는 사나이
무딘 나의 눈으로도
무사복만 벗었을 뿐
복수심에 앙앙하는 일본 사무라이였다.
미술과 김 교수의 말은 더욱 정곡을 찌른다.
저 높이 앉아있는 저 사나이의 얼굴 어디에
그 동안 잘못했으니
이제 이웃으로 잘 지내자는
착하고도 순한 마음이 보이는가
일본의 당용한자(當用漢字) 1945 자의
숨겨진 뜻을 그대 아는가
내 치통(齒痛)만 아픔이지
이웃의 죽음이야 기정 사실이라고?
그러고 보니 정한론(征韓論)의 사이고다카모리(西鄕隆盛)
그 성미 급한 사나이가 생각난다
그의 출신지가 가고시마이고

그의 뜻에 가세한 무리들이 규슈 사람들이다.
그보다 더 고차원으로 무서운 사나이는
이토히로부미(伊藤博文)란다.
야곰야곰 우리 모르게 뼛속까지 파먹으려 한
그가 더 무서운 이란 것을 나는 몰랐다.
저들 나라의 부국강병을 위해서는 위인이라지만
우리에게는 안중근에 의해 죽어 마땅한 위인이다.
아, 이제 다 용서해야 한다 저들이 빌면.
그러나 잊지는 말아야 한다.
우리와 우리 후손들의
철없는 나태와 타락을 막기 위해서다.

또 우리의 아픔이 있는 곳을 찾아가야 한다니.
일본의 도조(陶祖)
월창 이삼평(月窓 李參平) 묘비(墓碑) 앞에 섰다.
"17세기 초 아리타(有田) 사라야마(皿山)에서는
일본에서 최초로 자기를 구웠습니다."
묘비 앞에서 우리 모두는
모든 생각을 접고 술 따라놓고 묵념(黙念), 음복
묘비의 윗부분은 누가 왜 깼을까.
다시 이삼평발견지자광지(李參平發見之磁礦地)
일본 전국을 누벼 자기 구울 흙을 찾은 곳이 여기였단다
모두 파먹은 사과처럼 휑뎅그렁한 분화구 같은 땅
우리는 모두

그 언덕에 서서 물끄러미 내려다만 보았다.
다시 백자(白磁)로 모신
월창(月窓)의 좌상(坐像) 앞에 섰다.
하얀 바지저고리에 버선을 신고 정좌하여
더욱 단아(端雅)한 모습 속에
경계인(境界人)으로서의 수심이
수염에까지 내려와 서려 있었다.
이삼평이 도자기 전쟁의
포로로 붙잡혀 왔느냐
어쩔 수 없이 향도(嚮導)를 하다가
바다를 건너왔느냐
이제 그것을 어찌 알 것이냐
어찌 할 것이냐
가마로 모시고야 오지 않았을 것이니
월창거사(月窓居士)의 발로 왔을 것이고
현해탄은 배로 건넜을 것이니
월창(月窓)의 발로 온 것은 아닐 것이다.
모진 것이 목숨이니 죽지 못해 산 몸이었다
조선에서보다야 대접 받으며
새 처자 생겨 새 정 속에서 살았겠지만
잊을 수야 차마 없었겠지.
달 밝은 가을밤이면 더욱 몰래 그리운
고국 고향의 부모처자.
통한의 살과 뼈가 묻힌 묘는

산 높은 곳에 있다니,
세상사에 쫓겨 이 서생(書生)
이끼 낀 묘비만 다시 훑어보고 떠납니다.

사가현 가라츠시 가카라시마(加唐島)의 무령왕 축제
궁금한 곳은 무령왕 탄생지
급하고도 급한 산기(産氣)에 쫓겨
금지옥엽(金枝玉葉)이 이 바닷가 굴에서 탄생하시어
저 조그마한 우물에서 씻기셨는가?
예로부터 위인은 그 탄생부터 비범하다 하였지.
두 번 절하여 뵙고 물러나와 몽돌 더미 위에 서서
멀리 백제 쪽 바다를 바라보았네.
백제무령왕생탄지(百濟武寧王生誕地) 기념비 제막식
일본식 제례(祭禮)와 백제 후예 식의 합동식
일본인 신주(神主)가 접은 종이를 끼어 바치는
사카키(榊)라는 나무는 우리말로 '비쭈기나무'.
예로부터 신성한 나무로서
그 가지를 신전(神前)에 바치는 나무라네.
먹고 마시고 춤추고 노래하고
왕자가 탄생하셨으니 풍악을 울려라
그 탄생이 이국땅임을 시비하여 무엇하랴 어찌하랴.
가카라시마(各羅島), 가카라시마(加唐島), 주도(主嶋),
오비야우라(オビヤ浦)의 지명(地名) 속에
무령왕 탄생지 천 년 반 너머의 신비가 들었을 듯하지만 나는 궁금증을 여기서 접어야겠네.

나고야성(名護屋城)
17만 일본군, 조선으로의 출정지(出征地)가 여기라고?
우리가 일러 임진왜란 정유재란
이들이 일러
문록(文祿) 경장(慶長)의 역(役)이란 7년 전쟁.
주도면밀한 세월에 걸쳐
큰 돌을 옮겨 성을 쌓고
저들 전국의 무사(大名)들이 모여 칼을 갈고
조총 조준 훈련으로 우리의 목과 심장을 겨누면서
20여 만의 인구가 법석대던 것을 꿈에도 모르고
동(東)야 서(西)야 골육상쟁만 일삼고 있었다니
이제 생각해도 통탄할 일이다.

또 모를 일이 있다.
임진 정유 재란에서 우리는 충무공 이순신이
노량 해전에서 적의 유탄에 맞아 돌아가셨다 하는데
이들 일본인의 책에는 이순신이
일본의 장수
도진의홍(島津義弘)과의 싸움(戰)에서 죽었다고 한다.
사실(史實)과 사실(事實)은 하나일 텐데
자국민의 긍지에 맞추는 것이 역사인가?
나는 역사를 더욱 모르게 되었다.

시카노시마(志賀島) 행
의심스럽기는 하지만
1세기에 중국의 한(漢) 나라에서 내려 준
금인(金印)이 발견된 곳이란다
그보다 이들 최초의 이민족 침입(侵入)인
1274 · 1281년의 여몽연합군
3만의 내습이 있었던 곳이란다.
일인들이 일러
분에이(文永) · 고안(弘安)의 전쟁(役)이 있었던 곳이란다.
저들의 신풍(神風)이 이기게 하여 주었다고
그들의 코를 더욱 높게 하여
후일 더욱 큰 앙화를 받도록
화를 키워 준 곳이란다.
하늘이 내리는 벌이라서
받아야 할 벌이라면
일찍 받는 벌은
큰 앙화(殃禍)를 막는 방파제란다
화(禍)도 작은 것을 겪어야
원폭 같은 큰 화를 안 겪는가보다.
그래서 나라나 개인이나
행복의 총량은 다 같다고 하는 것인가?
전자산업이 세계의 고봉(高峰)에 있는 나라에
1250개의 신사(神社)가 있고
물활론(物活論)의 토속신앙이 살아 있는 나라

이것이 내가 네 번째 가 본 일본의 인상이다.

남의 나라에 머물면서
또 다른 나라로 여행 갔다가
머물고 있는 남의 나라로 돌아온
허전한 경험을 그대 가지고 있지 않은가
여객선 터미널, 내 나라로 가는 배 위, 부산항
점점 가까워지는 내 고향 우리 집.
여행이 아무리 좋아도 돌아가 쉴
내 나라 내 집이 있어서 좋은 것 그 아닌가.

(2009. 6. 14.)

중국, 짧은 여적(旅跡)

(2010. 6. 24. ~ 2010. 6. 27.)

한 시간의 시차를 둔 가까운 곳을
처음 가보고서 하는
나만 빼고는 다 아는 이야기.
우리 동포 한민족을 포함한
56의 종족을 아우른다는 나라
수도 북경의 인구 1,800만 중

1,080만 명만 호적이 있다는 도시
720만의 탄생은 축복 받지 못한 인생인가?
허락받지 않은 출생은
거주이전(居住移轉)의 자유가 없단다.
그러면 허락 받지 않고 낳은 인생은?
연암이 일찍이 중국인에게 들은 대로,
우리는 "즐거운 나라 즐거운 땅에
즐겁게 나서 즐겁게 죽는"셈이다.[1)]

귀양 간 아버지를 구하려고
창관(娼館)에 들어선 지 닷새의
남경(南京) 호부시랑(戶部侍郞)의 딸 중국판 심청이와
도마에 오른 16세의 절색(絶色) 고기[魚]를
2,000 금(金)으로 속(贖)하여 바다로 보내준
동방예의지국의 역관(譯官),
천하에 의기(義氣) 있는 사나이
가련한 소녀의 후일(後日) 은부(恩父)
뒷날 석상서(石尙書)의 은장(恩丈)
당성군(唐城君) 홍순언(洪純彥)의 이야기를
여행 초입에 여기서도 듣다니.
명나라 공부(工部), 호부(戶部), 병부상서(兵部尙書)
석성(石星, 1538~1599)의 계실(繼室)이 된 그녀

1) 민족문화추진회(1977), 국역 열하일기II. 황교문답 서(黃敎問答 序) 樂國樂土 樂生樂死 (역문 p.115. 원문 p.535).

아름다운 보은(報恩)의 이야기는 언제 들어도 새롭다.[2)]
왜의 침략으로 기울어 가는 나라를 지탱하려고
청병(請兵)하러 간 '조선(朝鮮)' 사람의
화급(火急)이 있었고,
거센 반대 속에
조선에의 출병(出兵)을 강력히 주장
신종(神宗)의 재가를 얻어 4만의 군병을 보내준 석성.
이 양안(兩岸)의 연결을 위해
홍순언과 그녀의 기막힌 허구(虛構)를 놓았는가?
나는 어리석게도
정사(正史)의 비커[beaker]에서
진실을 찾으려고 하였다.

안내(案內)의 삽화(揷話) 하나 :
중국 여행의 일본인 관광객과 한국인 관광객의 차이는?
앞의 말 "짝퉁은 어디서 파나요?"
뒤의 말 "참깨는 어디서 사나요?"
중국의 자존심; 백만 명 수용의 천안문 광장 44만㎡
세상에 굼뜬 나는 평수로 바꾸기에 바쁘다.
태산에 올라 보지 않아도
중국 땅이 넓은 줄은 여기 서 보아도 알겠다.
높이 38m의 'ㅇㅇ영웅기념비'의 저 규모

2) 민족문화추진회(1977), 국역 열하일기II. 옥갑야화(玉匣夜話) (역문 pp.295~296. 원문 pp.584~585).

저기 그를 사이에 놓고 간화자(簡化字)로 쓴
왼편의 '중화○○공화국만세'(中華人民共和國萬歲)
오른편의
'세계○○대단결만세'(世界人民大團結萬歲)란 무엇인가
자기들끼리의 단결이야 말릴 일 아니지만
세계 인민이야 어디로 단결하란 말인가
팍스 아메리카나(Pax Americana)의 대체(代替)인가?
강한 이웃은 우리에게 이로운가 해로운가
중국의 역대 외교 정책
원교근공(遠交近攻)은 오늘에도 살아있는 것 아닌가?

천자(天子)의 궁전은,
천제(天帝)의 자궁(紫宮) : 자미원(紫微垣)과 같은
금지 구역(禁止區域)이라는,
북두성(北斗星) 북쪽에 있는 자미원(紫微垣)이
천자의 거처라는 데서 왔다는
세계 최대의 궁궐 자금성(紫禁城 : 쯔진청)
이 성 밖으로는 못 나간대도 천자는 서로 하려 하니
황자, 황녀, 궁녀, 환관의 질식만을 나는 안쓰러워했다.
하늘 아래서는 가장 무서운 천자가
가장 두려워하는 것은 무엇이었을까?
원구단(圓丘壇) 아홉 층계 위에 모신
「황천상제(皇天上帝)」,
애써 지키려 한

「황건유극(皇建有極)」도[3] 시운(時運)이 다하면
어쩔 수 없는 것인가?
땅을 파서 호수를 만들고
그 흙과 석탄을 쌓아 만들었다는 산, 경산(景山)공원
발아래 보이는 자금성의 눈 시원한 경치로
피로한 다리를 위로하고 내려오는 길가,
이자성(李自成, 1606~1645)의 난에 쫓겨
금지옥엽으로 자란 명(明) 숭정제(崇禎帝) 의종(毅宗)이
자액(自縊)한 저주 받은 나무의 자리가
우리의 마음을 어둡게 했다.

제1일(2010. 6. 24.)의 여적

어딜 가나 넓고 크고 높고 긴 것뿐
올림픽 공원 스타디움
명(明) 13릉
크고 높고 화려하고 웅장한 것이 이것.
무령왕릉을 생각하다가
내 마음의 종아리를 치다가
홍위병의 행패를 나무라다가 했다.
지엄하신 천자여 황후여
이 옥좌를 두고 어디로 가셨는가요

3) 왕극(皇極)은 제왕(帝王)이 나라를 다스리는 표준이 될 만한 법도(法度), 곧 치우침이 없는 중정(中正)의 도(道)를 세움이다. 《書經, 弘範》 五, 皇極, 皇建其有極.

이 영화를 버리고 어디로 가셨나요.
크고 화려한 것만 보아
내 눈도 마음도 정신을 잃었는가
허영에 들떴는가
만리장성(萬里長城) 정확히는 12,700리 장성으로 간다.
팔달령관(八達嶺關)은 수리 중이란다.
거용관(居庸關 : 쥐융관) :
하북성(河北省) 연경현(延慶縣) 동남쪽 30km[4)]
만리장성 8대 관문(關門)의 하나
북경에서 몽골로 들어가는 요로(要路)란다.
우리의 연암(燕巖) 박지원(朴趾源)이 와서 본
호북구(虎北口) : 고북구(古北口)는 여기서 더 동쪽
장성의 끝 산해관(山海關)과 이 거용관의 중간에 있단다.
연암이 일찍이 한번 못 와 봄을 한스러워했던
여기 거용관(居庸關)
"내가 한번 거용관에 가고자 했으나
왕복 140 리나 되고 보니
하루 동안에 다녀오기에는 어렵겠으므로 그만두었더니
지금에는 한스러운 일이로다."[5)]
장성을 쌓을 때
역군들을 이곳에 두었다 하여 거용관(居庸關)

---

4) 연암은 열하일기 구외이문(口外異聞) 자규(子規)에서 거용관은 연경서 떨어지기 70리[(居庸)關 距皇城七十里]라고 했다.

5) 余嘗欲一至居庸, 而往返爲一百四十里, 則有難於一日中周旋, 故止焉, 至今爲恨. (국역 열하일기II. 구외이문(口外異聞) 자규(子規) 역문 p.418 원문 p.632).

모용농(慕容農)을 열옹새(蠮螉塞)[6]로
내어 보냈다 하여 거용관(居庸關)
망보는 성채(城砦)의 흙집이 나나니벌(열옹 : 蠮螉)집 같다
이것이 와전되어 거용관(居庸關)이 되었다 하나,
성루(城樓)에 올라보니
산등성이에 용(龍)이 구불구불 살아있어[居]
거용관이 된 듯하였다.[7]

청(淸)이 일어난 지 140여 년에
강희(康熙 61) 옹정(雍正 13) 건륭(乾隆 60)의
의젓한 치세(治世)에
천하를 호령하고 있고
정작 큰 나라 명(明)을 빼앗긴 한족(漢族)은
나 몰라라 승평(昇平)의 배를 두드리고 있는데,
속절없는 우리만
힘이 세고 잘 살아도
오랑캐는 오랑캐라고 몰래 눈살을 찡기며[8]
외손으로 대의(大義)를 붙들려고 웅숭그리고 있었구나.[9]

---

6) '열옹'(蠮螉)은 '나나니벌'. '열옹새'(蠮螉塞)는 '거용관'의 딴 이름. 성채(城砦) 위에 흙집을 짓고 그 속에서 망을 보는 것이, 나나니 벌이 흙을 모아 집을 지은 것과 같은 데서 이름.

7) 그러나 용(龍)은 황제의 전유물일 뿐이다.

8) 淸興百四十餘年, 我東士大夫夷中國而恥之. (국역 열하일기II. 행재잡록(行在雜錄) (역문 p.327. 원문 p.595).

9) 이러고서도 한갓 헛된 말로서만 큰 적을 꺾으려 하며, 외손으로 대의를 붙들려고 하니, 아아, 어려운 일이다. (如此而徒欲以空談 摧大敵, 隻手扶大義 嗚呼難矣哉) (국역 열하일기II. 행재잡록(行在雜錄) (명련 자봉왕(明璉子封王) (역문 p.391. 원문 p.622).

강약(强弱)이 부동(不同)이라
천하에 무서운
오랑캐 천자(天子), 천자 오랑캐의 풍성한 살림에
외진 나라에서 온 연암의 휘둥그레진 마음과
대의명분론에만 매달려 있는
조선의 꾀죄죄한 선비들을 가여워하는 눈이
내게도 보이는 듯했다.
"와서 보아라, 올 수 없어 못 보았거든
내 말을 들어라, 믿어라, 열하일기(熱河日記)를 보아라."
오종종한 산과 골짜기 속에서만 살던 연암
천지간에 큰 안계(眼界) 요동벌판을 만나고서
여기는 "참 좋은 울음 터로다.
가히 한번 울 만하구나"(好哭場 可以哭矣)한[10)]
조선의 멋쟁이 연암,
고북구(古北口)에 다다라
서둘러 붓을 꺼내어 이렇게 썼단다.
"건륭(乾隆) 45(1780. 우리의 정조 4)년 경자(庚子)

---

10) (국역 열하일기 I . 도강록(渡江錄) (역문 pp.87~88. 원문 p.537). 연암은 한바탕 크게 울만한 곳 셋을 다음과 같이 든다. ①조선의 금강산 비로봉 산마루. ②조선의 황해도 장연(長淵) 바닷가 금모래밭. ③중국의 요동에서 산해관까지의 넓은 벌판. "그러므로, 우리는 의당 저 갓난아기의 꾸밈없는 소리를 본받아서 저 비로봉 산마루에 올라가 동해를 바라보면서 한바탕 울 만하고 장연 바닷가 금모래밭을 거닐면서 한바탕 울 만하며, 이제 요동 벌판에 와서 여기서부터 산해관까지 1천 2백 리 사방에 도무지 한 점의 산도 없이 하늘 끝과 땅 변두리가 맞닿은 곳이 아교풀로 붙인 듯, 실로 꿰맨 듯 고금에 오가는 비구름이 다만 창창할 뿐이니, 이 역시 한바탕 울 만한 곳이 아니겠소.(故, 當法嬰兒, 聲無假做, 登毗盧絶頂 望見東海, 可作一場, 行長淵金沙, 可作一場, 今臨遼野, 自此至山海關一千二百里, 四面都無一點山, 乾端坤倪, 如黏膠線縫, 古雨今雲只是蒼蒼, 可作一場.)

8월 7일 밤 3경(밤 11~01시)에
조선 박지원이 이곳을 지나다."
이내 크게 웃으면서
"나는 서생(書生)으로서 머리가 희어서야
한번 장성(長城) 밖을 나가는구나."하였단다.[11]
흔적이 남은들 무엇하랴만
230년 뒤 오늘에 무엇이 남았을까
오늘 이곳 성루(城樓) 벽에
흰 붓으로 '대전서 왔다 갔다.'고 쓴
철부지 아이의 낙필(落筆)과 무엇이 다르리요
모두가 헛되고 헛되고 헛된 것
44세에 장성을 밟은 연암은 스스로 대견해 했고
일흔을 넘은 나는 자랑스러웠다 부끄러웠다 하였다.
"만리장성 밖을 나와서
막북(漠北 : 고비사막 이북의 몽고지방)에 이른 것은
선배들이 일찍이 없었던 일이다."[12]
이 거대한 역사의 작업 '축성'(築城)을 하다가
이름도 없이 죽으면 그 자리에 묻혀서

---

11) 乾隆四十五年庚子八月七日夜三更, 朝鮮朴趾源過此, 乃大笑曰乃吾書生爾, 頭白一得出長城外耶.(국역 열하일기II. 산장잡기(山莊雜記) 야출고북구기(夜出古北口記) 역문 p.357 원문 p.608).

12) 지금 내가 이 걸음을 더욱 다행으로 생각한 것은 장성을 나와서 막북에 이른 것은 선배들이 일찍이 없었던 일이다.(今余此行尤有自幸者, 出長城至漠北, 先輩之所未嘗有也)(국역 열하일기II. 산장잡기(山莊雜記)야출고북구기 후지(夜出古北口記 後識) 역문 p.359 원문 p.609). 내 이제, 고북구(古北口)를 나오자 스스로 옛 사람보다 낫다고 생각되었으나, 다만 익재(益齋 李齊賢)에 비한다면 참으로 모자라는 것이 많음을 깨달았다.(今余一出古北口而自多前人, 其視益齋眞堪缺然) (국역 열하일기II. 피서록(避暑錄) 역문 p.209. 원문 p.557).

가장 긴 무덤이 만리장성이라고?

성 쌓던 이들을 생각하여서라도
저 위 성가퀴 있는 곳까지는 오르기로 하였다.
맨손 맨몸으로 올라도 숨이 차다.
포학한 절대 제왕들의 욕심이
후손의 복이 됨은 역사의 이치인가?
피라미드, 만리장성, 앙코르 와트(Angkor Wat)
똑같은 글씨로 여기저기 두 비석에 새긴 모택동의 글
'부도장성 비호한(不到長城非好漢)'
만리장성을 밟아보지 않고서는 남자라고 할 수 없다.
암 그렇겠지.
자기 생애에 뜻을 다 이루고
온갖 영화를 다 맛본 그 모 주석(毛主席)의 말인데.

다시 용경협(龍慶峽)행
가장 길다는
황룡(黃龍)의 뱃속을 기어올라 호수에 떴다.
깎아지른 바위를 받쳐 들고 서 있는
호숫물 위를 미끄러져 달리면서 승경(勝景)에 탄성
최 화백[13]의 그림이 이곳에 있고
계림에 있음을 확인했다.
기왕 만들어 주시려면 우리 강산도

13) 우리 일행인 동양화 전공의 최기성 화백을 말함.

이처럼 미남 미녀로 점지해 주셨으면
더욱 고마우시지 조물옹(造物翁).
관광도 좋지만
월드컵 쟁탈 우리의 축구시합을 보아야지.
남아공에서의 대(對) 우르과이 시합을 보아야지.
누가 전적(戰績)과 승패를 맞출 것인가
골대를 맞추고도 골인한 그들과
골대 박으로 나와버린 우리의 차이.
불운의 2 : 1 패
경사(慶事)를 맞춤만은 못했지만
골 득실까지 맞춘 혜안(慧眼)의 조 교수.
가슴이 짠하지만 대견한 패배였다.

제2일(2010. 6. 25.)이 여적

이화원(頤和園, 이허원)
칭말(淸末) 최근세 중국 역사의 소용들이.
효성스러운 아들 건륭황제(乾隆皇帝) 그 큰 효도.
천하를 호령하는 황제, 그의 어머니가
남방의 곤명지(昆明池)와 서호(西湖)를 보고싶으시단다
이 아들이 옮겨다 드리지요 어머니.
천자(天子)인 이 아들이 하늘 아래서
어머니를 위하여는 무엇을 못해드리겠어요.
땅을 파서 곤명호(昆明湖)를 만들고

그 흙을 쌓아 올려
오래 사시라고 만수산(萬壽山)을 만들었어요
3만 명의 백성이 15년의 세월을 걸려 만들었어요.

17세에 자금성에 들어온,
한인(漢人)이 일러 변방 오랑캐 태생의
예쁘고도 기가 센 아명(兒名)이 '난아'인,
총명한 여인 '예흐나라' : '섭혁나랍씨(葉赫那拉氏)',
함풍제(咸豊帝)의 후궁,
천하를 호령하던 중국, 그 중국을 쥐고 흔든
뒷날의 서태후(西太后, 1835~1908),
당(唐)나라 측천무후(則天武后) 〔무측천:武則天〕 와
구별하기 어려운
27세의 미인 청상(青孀),
'꽃과 칼날의 여인',
'권력과 불행의 연인(戀人)'[14] 자희황후(慈禧皇后)
사랑하는 영록(榮祿, 1836~1903)을 지척에 두고도,
평생 애가 타는 마음.
사랑을 모르쇠하기엔 청춘이 안쓰러워
눈[眼]속에 묻어 보냈고,
권세를 놓기는 지옥인 세상이어라
수렴청정(垂簾聽政)의 발 뒤에 감추었다.
일야 일남 일숙(一夜一男一宿)

14) 펄 S. 벅 지음, 이종길 옮김, 연인 서태후(도서출판 길산, 2003), 역자 서문.

신새벽 살남 포장 운송 매장(殺男包裝運送埋葬)
그 사내들은 영광이었는가 비극이었는가.
여자들은 그녀가 죽도록 사랑하고
자갸를 죽도록 사랑하는 사나이와
하룻밤만 사랑하다가 죽어도 원이 없다고 하는데.

나를 관광하는 갑남을녀여
지금 나 흉보고 있잖아?
당신들 몇 남자하고,
몇 여자하고 사랑을 해 보았어?
내 마음이 곧 법(法)이고 영(令)인데도
평생 그렇게 살겠어?
나 흉보지 말아.
시대(時代)의 궁녀 나인(內人)으로서
당신들인들 승은(承恩)을 마다했겠소?
나약한 천자는 하나뿐이었으니
신 포도일 수밖에 없잖아.
역사의 폭군
나를 사랑하지도,
내가 사랑하지도 않았던 죽은 황제를 위하여
냉방의 청상(靑孀)으로 수절하다가
정문(旌門) 속 찬 돌비석에 갇히거나
말 많은 서생들의 포폄(褒貶)에 시달리느니보다
나 신명나게 영화(榮華) 속에 잘 살았소.

죽은 후 백골마저 삭아 날아간 후
수다스러운 이들의 시샘에 찬 입방아야
괘념할 게 무엇 있겠소.
당신들도 나 욕하면서 속으로는 부럽지 않아?
만리타국에서 만금을 주고 달려와
내 이야기나 관광하고 있잖아
요조숙녀(窈窕淑女) 이야기는 어디 있어?
나 그래도 사랑의 윤리는 지켰단 말이야.
내 사랑 영록(榮祿)이 돌아간 후
온 황실에 조의(弔意)를 표하도록 명했고
나 또한 밝은 색의 옷과
보석 치장을 삼갔단 말이오.[15)]
이제사 황천에서도 귀엣말로,
황실경비대장,
군기대신(軍機大臣) 문충공(文忠公) 영록(榮祿)
당신께만 하는 말이지만
나도 한 지아비의 안존한 지어미이고 싶었소.
풍전등화의 나라꼴을 두고
어찌 내전(內殿)에만 머물 수 있었겠소.
처음으로 불러보는 '사랑하는 여보!',
동치제(同治帝)는
내 사랑 영록 당신의 아들이란 말이오.
살아생전 당신은 입도 벙끗하지 않았지만

---

15) 펄 S. 벅 지음, 이종길 옮김, 연인 서태후(도서출판 길산, 2003), p.720.

당신도 알고는 계셨지요?

한 사람이 한 가지 요리만을 장만하여
128 가지의 천하진미 가운데
같은 음식은 세 숟가락 이상 뜨지 않다가도
파천(播遷) 중에는 궁하게 되니
옥수수죽과 콩도 맛있었고
어렵사리 구한 달걀은 더욱 꿀맛이었다니
자금성 안에도 도루묵이 있었구나.
3,000여 상자의 옷가지를 가지고
목욕 후 100 가지 비단을 두르고
옥가루로 가꾸며 낙수당(樂壽堂)에 살아
70세의 사진이 오히려 젊은 40의
설부화용(雪膚花容)의 자태는 지금 어디로 갔는가.
사마귀는 후손을 위해
교미 후의 수놈을 잡아먹는다는데,
자식보다 더 귀여운 권세를 어떻게 놓았고
모함 속에 이룬 영화는 어디로 갔느냐
모두가 헛되고 헛되고 헛되도다.
그래서 자희황후(慈禧皇后) 당신도
'다시는
여인이 정사(政事)에 간여하는 일이 없도록 하라.'는
때늦은 유조(遺詔)를 남겼는가?

수도박물관

5천년의 문화 3천년의 역사를

어찌 몇 시간에 다 볼 수 있으랴

그저 대~충 보는 거지 뭐

껍데기만 보는 거지 뭐

농사짓는 것도 지표(地表)만 갈아

씨 뿌리고 거두는 건데 뭐

평생 산대야 제 짝 속도 모르는 건데 뭐.

그래도 저래도 때가 되면

배고파 먹고 싸는 게 인생.

뮤지컬 금면왕조(金面王朝)

물이 철철 쏟아져 폭포를 이루고

웅장한 음악 속의 무대가

전후좌우 상하로 힘 있게 움직이는 속에

중국 고대 신화의 낭만적 사랑의 이야기가 펼쳐진다.

매일 공연이 만원(滿員)이란다.

북경의 관광객, 만리장성, 천안문이 뒤에 있는 덕이라고.

욱일승천(旭日昇天)하는 중국의 오늘을 보는 듯했다.

우리의 춘향전 공연을 생각하다가

같이 못 보는 한 사람을 아쉬워하다가 했다.

제3일(2010. 6. 26.)의 여적

판자왠[藩家園] 골동품 시장
아예 가짜가 대부분이라고 하니 마음이 편했다.
가짜 모조품임이 틀림없으면
진짜 '가짜 모조품'임이 틀림없을 것이니
속아서 살 염려는 없어서 좋겠다.
나는 아무도 안 사는, 없는 책을 사려고
최 교수만 애쓰게 했다.
서점에 가서 없는 책을 찾는 것은
꽤 쏠쏠한 내 악취미의 하나다.

798 예술지역(Art Zone)
철거 이동한 공장 건물을 이용하여 들어선 예술지역,
그렇겠지 금강산도 식후경인데.
예술과 실용, 이념과 예술
예술을 위한 예술이어야 하는가
예술을 위한 이념이어야 하는가
이념을 위한 예술이어야 하는가
나는 잘 모르겠다.
다만 아름답고 건강하고, 사는 데 좋은 건 좋다.
모든 수속을 끝내고 기내(機內)에 자리 잡고 앉으니
피날레(finale)로
천둥 번개치고 비바람 부니
이 어찌 복받은 여행이 아닌가.

에필로그

나는 가이드의 말에 속으로 크게 놀랐다.
①허름한 자전거를 타고 다니는 사람들이
북경의 막강한 권력가에
세계의 부호가 있다는 말에.
빌어먹어도 고급 승용차 속에서
용트림하며 거들먹거리는데.
②중국인들은 절대로 남에게 속을 안 보인단다.
운동시합에 지고서
상대를 추어올려 엄지손가락을 들어 보이면서도
나머지 저를 향한 네 손가락은
제가 최고라고 한다는 말에.
그래서 풍몽룡(馮夢龍)이 일렀는가?
"남에게 속마음을 몽땅 털어놓지 말고
열에 셋쯤만 이야기하라."
(逢人且說三分話 未可全拋一片心).
③최고의 신년 인사가 돈 많이 벌어 부자 되라는
중국 사람과 공산주의와의 조화
핵무기와 우주선, 산샤댐과 화려한 고층빌딩
후줄근한 뒷골목의 위통을 벗고 다니는 남정네와
간들간들한 미인들의 아슬아슬한 옷차림
그리고 코를 쥐어야 하는 화장실이 어울려 있는 나라.

제일 크고, 제일 넓고,

제일 높고, 제일 길고, 제일 오래 되고
제일 만만디하고 제일 …… 한
중국에 대하여
제일 작고, 제일 좁고,
제일 낮고, 제일 짧고, 제일 새롭고
제일 빠르고 제일 …… 한
우리 나라를 만들자고 제안한다.
그것은 IT 산업성(産業性)의 것
컴퓨터, 휴대전화가 커야 맛이냐?
농구, 축구, 배구, 수영, 육상의
모든 선수의 키와 몸무게를
등급별 체급별로 하자고 제안한다.
키와 몸무게가 하느님 말고는
누군들 본인의 잘못에서 비롯했겠는가?
본인의 책임이 아니다.
나랏사람의 탓이 아니다.
그러면 등급별 체급별로 해야 한다.
인다 물다 지광(人多物多地廣)한 나라 중국
그 수도(首都) 북경을 겨우 3박 4일 다녀와서
여행 안내의 말을 믿고 따라
군맹무상(群盲撫象)의 잠꼬대 헛소리를 하였다.

제4일(2010. 6. 27.)의 여적

사이판(Saipan), 뒷북치는 이야기

(2011. 6. 23.~ 2011. 6. 27.)

열 번도 더 들은 이야기를
안 들은 척 처음 듣는 척
다시 들어주는 고통 같은 것이 또 있을까?
그는 군자다.

오후 8시도 넘어
태평양 상공에 우리는 떠 있었다.
기다림은 이래서 좋은 것일 수도 있다.
사이판 공항 검색대

모진 사람들 때문에
법 없이도 살 사람들이
억울하게도 의심 받음을 체념하는 곳
그 지루한 터널을 통해 나왔다.
후끈한 밤공기가
이곳이 말로만 들어온 남양군도(南洋群島)
해방 전 우리의 젊은이들이 징용으로 끌려와
고난 그리고 죽음을 맞았던 슬픈 남양군도의
그 하나임을 짐작케 한다.
서태평양의 미크로네시아(Micronesia)와
마리아나(Mariana)제도의
가장 큰 화산성(火山性)섬, 남북 22km, 동서 3~8km,
인구는 5만, 우리의 강화도만한 섬이란다
원주민은 27,000, 우리 교민은 2,000
외국인으로 일본인은 퇴조,
중국인은 밀물세, 다음은 필리핀인이란다.
북마리아나 제도를 정복한 마젤란이
스페인 여왕 메리에게 바침으로써
'마리아나'라고 불렀다고?
우리는 무슨 섬을 발견 정복하여
누구에게 바칠까나?
팔자도 기박하여
1521년 스페인 사람에게 발견되어
수세기 동안 스페인령,

1899년부터 독일령,
제1차 대전 후에는 일본의 위임 통치령
제2차 대전 말기에는 미 · 일, 일 · 미의 유례 드문 격전장
그 후에는 미국의 신탁통치령
현재는 미국령.
미인박명(美人薄命), 재자다병(才子多病)이어선가?

제1일 : 2011. 6. 23.의 여적

새벽 두시 넘어 Saipan World Resort 도착
09시 30분 숙소 정문 앞 정원에 핀
조금 먼 데서 보아 흰 꽃이 눈에 확 들어온다
이름을 물으니
협죽도과(夾竹桃科)의 플루메리아(plumeria)란다
나무 아래 흩어진 5판화의 꽃을 주워드니
향기가 진동한다
꽃 몸이 보드랍기 아기 살결 같다.
여인들이 이 꽃을 귀 뒤에 꽂은 모습이 자주 보인다.
오른쪽 귀 뒤에 꽂으면 나는 처녀
왼쪽 귀에 꽂으면 임자 있는 여인
양쪽 귀에 꽂으면 맘대로 하시오
입에 물면 미친 女.

잎이 자귀나무처럼 생긴 길가 가로수 교목의

푸른 잎을 제치고 붉게 타는 저 나무는요?
플레임트리(flame tree), 불꽃나무
산위에서, 공중에서 보면 온 섬이 불타고 있단다.
누구를 향한 불타는 사랑인가
4~8월 사이에 피는 꽃이니
때맞추어 잘 왔단다.

사이판 최고(最高)의 산은 515m의 '마운틴차욱'이란다.
'신이 내린 산'이라고.
그도 그럴 것이 평균 수심(水深) 6,000m
지구상에서
가장 깊은 11,034m의 비티아즈(Vityaz) 해연(海淵)
다음인 10,863m의 챌린저(Challenger) 해연(海淵)에서
솟아올랐으니 높은 산이란 말도
일리가 있는 이야기인가?
대양(大洋) 중에 발달한
환상(環狀)의 산호초[Lagoon : Lagune : 環礁][16]가
먼 바나의 횡포를 일렬횡대로
입에 거품을 물고 싸우고 또 싸우고 있었다.
환초(環礁)가 품어주는 사이판 해변은
안온하기 바다의 온실 같았다.
너희만 하늘이 보우(保佑)함은 아니란다
우리의 한반도는 더 큰 하늘의 은혜로

16) 불어 기원어로는 아톨(Atoll)이라고도 한다.

태평양 큰 물결도 해일도
땅위로 불어오는 큰바람도 잠재우는
기인 열도(列島)를 성책(城柵)으로 세워 주셨단다.

새섬(Bird Island)을 앞에 두고
바닷가 절벽에 섰다
섬 모양은 거북이 같은데
새들이 많이 살아 새섬이라고?
우리 일행의 새(鳥) 박사가
조(趙) 박사임은 더 당연한 일
바닷물빛은 에메랄드빛, 옥빛,
물에 풀어놓은 파란 잉크 빛, 화장실의 청청색
물이 맑아 물속 가시거리가 100m라니.
공기 중의 가시거리는 더욱 우리의 짐작 밖이었다.

제2일 : 2011. 6. 24의 여적

하파데이(Hafa Adai)
원주민 말로 '안녕하세요?'란 말이란다.
가이드는 사이판에 없는 것들을 자랑 섞어 든다
1.모기(석회암 토양으로 시궁창, 개천이 없기 때문).
2.뱀(도마뱀, 이구아나 말고).
3.바다 냄새(산호의 필터 역할, 고염도의 바닷물 덕분).
4.갈매기(제비갈매기 말고).

5. 건물에서의 지하층(높은 습기 때문).

일제 강점기
강제로 끌려온 우리의 젊은이들
정신대, 지금은 거의 돌아가신 할머니들
사탕수수 농사, 활주로 공사에 몸을 다했단다.

제2차 대전 때 궁지에 몰린 일본 군인들 자살의 절벽: 일본 방향으로 향하여 자기네 일왕만세를 부르며 험한 물결치는 바다로 뛰어들었다는 가이드의 설명, 저들의 독함에 오싹 소름이 끼침을 느꼈다.

우리가 선 바닷가 쪽에
일인들이 세웠다는 빽빽한 저들의 충혼비
그를 추모하러 온 일왕,
저들의 충혼비에는 머리 숙여 추모하고는
길 왼편에 따로이 「太平洋韓國人追念平和塔」 앞에는
마지못해 섰다가
고개도 숙이지 않고 내려왔단다.
남의 전쟁에 끌려가 뜻 없이 산화한 그들이어선지
우리도 그들 일본의 애닯은 젊은 혼을 생각하면서도
짠한 마음을 가지고
그냥 지나쳤음은 옹졸하기만한 속이었는가?
처참을 극한 살육과 천지를 뒤흔드는 포성이 가득하던
이 바다의 이름은 그때도
드넓고 평화스러운 태평양[Pacific]이었던가?

사이판에는 '수평선(水平線)'이란 말이 없다고?
바다를 향하여 서서 왼쪽 끝에서 오른쪽 끝까지 보았다.
아기 밴 지 6달된 부인의 배 같다.
앞쪽 하늘 끝에서 머리 위를 지나 뒤를 보았다.
활의 호(弧) 같았다. 궁륭(穹窿) 같았다.
그래서 수곡선(垂曲線)이란 말만을 쓴단다.
이제부터 나는
지구가 둥글다는 것을 의심하지 않기로 했다.

낮에는 어린이들이 즐기는
물놀이[water slide]도 해보고
두려움의 요술굴도 아내를 핑계로
옴질옴질 미끄러져 보았다.
봇도랑 흐르는 물에 헤엄도 쳐보고
어린아이처럼 튜브도 타보고
파도타기도, 풀장 헤엄도 즐겼다.
나이 먹은 아이가 되어 보았다.
애들 묵은 게 어른이고, 더 묵은 게 늙은이지 뭐.
언제 또 와서 해 보겠느냐 이 나이에.

비치 베드에 누워
빛나는 초록빛 지네발 같은 코코넛나무 꼭대기 위로
면화솜 펴지듯 흐르는 흰 구름을 보았다.
모였다 헤지고 헤졌다 사라지는 흰 구름을 보다가

내 남은 삶을 생각했다.

미국은 사이판을 최근에 갑자기 연방화했단다.
깊은 바다 마리아나 해구에
하이드레이트(타고 또 타도 다 안 탄다는 광물)가
그 심해에 있어선가?
함대가 3~4대 항상 정박하고 있단다.
무서운 국가 간의 자원 경쟁이다.
오후 6시 넘어서 원주민의 춤과 공연을 보았다.
대륙 몽고인들의 춤과는
또 다른 육감적이고 역동적인 춤이었다.
저 젊고 낭창낭창한 몸매가
나이 들면 코끼리가 된다 하니
하늘의 이치는 공평한 듯하다.

제3일 : 2011. 6. 25의 여적

아침 8.20분 스노클링[17] 행, 마나가하 섬으로 간다.
배에서 내리는데 배의 직원인 원주민의
우리말이 능숙하다. '천천히', '조심하세요'.
가이드의 훈련을 받고 스노클링하는 곳으로 갔다.
호텔에서 가져온 식빵을 물속 고기들에게 주어 보았다.

17) snorkel(스노클)[E]. Schnörchel(슈뇌르켈), Schnorchel(슈노르헬) 저지 독일어로 '코[鼻]'란 뜻.

고기들이 모여 든다.
손에 든 빵을 빼앗아가기도 한다.
빵 든 손을 물기도 한다.
주던 빵이 다 떨어졌다. 모두들 흩어졌다.
고기나 사람이나 빵 앞에 모여들고
머리 조아리기는 마찬가지인가?
산호초에 정강이를 찧어
피가 나도 아픈 줄을 몰랐다.
아이들로 돌아가면 아픈 줄을 모르는가?

저녁때
선셋 크루즈(sunset cruise)에 나섰다.
호사라고 나무라지 말라.
두 딸 신혼여행 와 본 곳을 나 이제 왔노라.
70도 넘어서 아내와 함께 왔노라.
마스트 끝의 바람도 순하고
바다도 잔잔했다.
사회자[show host]의 일품인
우리말 · 일본어 · 중국어 솜씨와 노래
곰 세 마리가 한 집에 있어 아빠 곰은 …… 엄마 곰은 ……
아이 귀여워라 정다워라
이름은 제리, 필리핀 청년이란다.
너의 신명을
나에게 반쯤만이라도 주었으면 좋으련만

욕심이었다.

제4일 : 2011. 6. 26의 여적

아침 식사 전에 해변을 산책했다.
난바다 아톨(Atoll)에 쉼 없이 부딪치는
수선스러운 포말을 보면서 걸었다.
식후 과일로
사워삽(soursop : 가시번여지 : 축여지 : 蓄荔枝)도 맛보았다.
호도(胡桃 : walnut)라고는 하지만
아주 작은 색다른 호도 맛도 보았다.
장에 가는 이 따라 씨오쟁이 지고 나서듯이
이국 성당에도 가보았다.
하느님이 착하다고 하실까?
열대지방 사람들의 보약 '노니'가
허준의 동의보감에도
'해파극' · '파극천'이란 이름으로 나온단다.
동의보감에는 '파극천(巴戟天)'만 나온다.

제5일 : 2011. 6. 27의 여적

* 파극천(巴戟天) : 성질은 약간 따뜻하며 맛이 맵고 달며 독이 없다. 남자의 몽설이 있는 데 쓴다. 또한 음위증을 치료하고 정(精)을 돕기 때문에 남자에게 좋다. ㅇ음력 2월, 8월에 뿌리를 캐어 그늘에서 말린다. 구슬을 꿰어 놓은 것 같고

살이 두터운 것이 좋다. 지금 의원들은 흔히 자줏빛이 나는 것이 좋은 것이라고 한다. 약으로 쓸 때는 소금물에 달여서 두들겨 심을 빼버리고 쓴다.[18]

* 보약이란 대개 남자에게
그리고 그런 곳에 좋은 것인가?
모처럼 기념품점에 눈에 띄는 것이 있었다.
보조보(BO JO BO)였다.
가이드의 말에 의하면
이는 원래 필리핀 노인이 만든 것을 보고
일본인이 상품화하여 히트한 것이란다.
일인들의 상술을 짐작할 수 있는 대목이다.

* 보조보(BO JO BO)

저의 이름은 보조보입니다. 저는 마리아나 군도에 위치한 사이판섬의 산로케라는 작은 마을에서 왔습니다. 저는 긴 시간을 숲속의 보조보 덩굴(sic) 속에서 숨어 살았습니다. 나의 신비한 힘 중에서 사랑을 원하시는 분은 다리를 묶어 주세요. 부자를 원하신다면 팔을 뒤로 묶어주세요. 건강을 원하신다면 양손을 묶어 주세요. 그리고 저를 잘 보이는 곳에 믿음을 갖고 걸어 주세요. 2011. 7. 4. 하파데이(Hafa Adai)

---

18) 性微溫味辛甘無毒. 主男子夜夢, 鬼交泄精, 治陰痿不起, 益精利男子. ○二月八月採根, 陰乾, 以連珠肉厚者爲勝. 今方家, 多以紫色爲良. 入藥染水煮, 打去心用之.

우즈베키스탄(Uzbekistan) 여수(旅愁)

(2011. 10. 26.~ 2011. 10. 30.)

인천공항에서 2011. 10. 26. 오후 5. 30분 탑승

말로만 듣던 우즈베키스탄 타시켄트공항 착륙

한국과는 시차 7시간

'진짜 백부장(百夫長)의 땅', 우즈베키스탄

타시켄트(Tosikent), '돌로 만든 도시'

도시 인구 500만 전국 인구 2800만

130의 다민족, 다종교가 어울려 사는 나라

가이드는 아참 ← Azamat(강하다)

언어는 우즈베크어, 러시아어, 타지키스탄어를 쓰고

돈의 단위는 '숨'이란다
그렇겠지, '숨(sum)'이 있어야 숨을 쉬겠지.

2011. 10. 27. 여기는 우즈베키스탄 타시켄트
니자미 사범대학 국제학술회의장
의전행사 후 진지한 논문 발표
논문은 역시 쓰는 이만 애쓰고
발표자만 시간이 모자라는 것
언어는 여전히 러시아어 권역 같았고.
한 많고 할 말 많은 고려인(高麗人) 우리 교포에게
하고 많은 말을
못하게 했더라면, 안하게 했더라면
어쩔 뻔했는가
그래서 최고의 변설가(辯舌家)는
남으로 하여금 입을 열게 하여 경청하는 사람.
친정 피붙이가 왔는데 하소연 않고
어이한담, 어찌 산담?

2011. 10. 28.
다섯 시 기상 식사
빗속의 번들번들한 길을 달려
부하라 행 국내선 공항 행
비온 후의 맑고 밝은 햇살
'돌의 도시' 타시켄트에서

'수도원' · '신성한 도시' 부하라(Bukhara)로 왔다.
인구 200만의 도시 부하라, 도시에만 30만이 산다는 도시
세 여인이 받쳐 들고 서있는,
이 새가 날아와 어깨에 앉으면 왕이 된다는 새.
상상의 새, 행복의 새 호머새가 있는 도시.

드높이 뻗어 올라가 세워진 호두나무 기둥에
아름다운 장미가 새겨진 발라하우스 모스크와 미나렛
첨탑(尖塔)을 뜻하는 미나렛은
하루 다섯 번 올리는 기도 시간을 알리고
나라 안 소식을 통보하고
사형 범죄자를 자루에 넣어 떨어뜨려 죽이던 곳이란다.
5대째 수공(手工)으로 칼을 만든다는 공방(工房)은
출입구 벽 동판(銅板)의 손도장[手跡]으로
빛나고 있었다.

하루 다섯 번 기도한단다
모두 빈손으로 돌아간다는 뜻이란다.
1600년대부터 있어 온다는 목욕탕 얘기는
역시 남의 나라 얘기다.
이슬람 문화권에서는
절대자 그분만 사람 얼굴을 그릴 수 있기에
이들 그림에는 얼굴이 없다 한다.

곳곳에 뽕나무가 많았다.
①양잠 용 ②종이 재료 ③그늘 용
중앙아시아 투르크 민족 최고의 익살꾼, 풍자시인
우리의 김삿갓 같은
나스렛딘 호자의 청동 풍자상(諷刺像) 앞에 섰다.
'호자'란 이슬람 장로의 존칭이란다
허약한 나귀를 타고 삐딱하게 모자를 쓰고
한손을 들고 웃음 띤 모습이
사랑스럽고 익살스럽기 그지없다.
그가 한 유머러스한 이야기 둘

①한 남자가 한껏 멋을 부려 옷을 입고 나타났다
사람들이 물었다.
"오늘이 무슨 날이냐?"
"결혼한 지 50년 되는 날이다."
"결혼한 지 5년밖에 안되었는데?"
"5년을 50년처럼 살았다."

②"부부 중 왜 여자가 오래 사는지 아는가?"
호자 왈 "여자는 아내가 없으니까."

문득 드는 생각
우리의 김삿갓[金笠] 난고(蘭皐) 김병연(金炳淵)도
외져서 더욱 외로운 곳에서

사람 많이 사는 곳으로 모셔 놓았으면 좋겠다.

이 나라 풍속은 막내에게 유산을 상속한단다.
장남이나 차남은
이제 철이 나서 독립생활이 가능해졌으니까.
부모 된 이
눈감으면서도 못 잊는
애잔한 혈육
너 가슴 아린 철모르는 막내.

중앙아시아에서 가장 오래된 건축물인 세계문화유산 :
이스마일 사머이(Ismail Samoiy) 무덤
화려하지 않고도 참으로 아름다움은 이것.
라비 하우즈, '연못 주변'
1477년에 심었다는
다섯 아름도 넘는 뽕나무 두 그루
저 건너 하나는 아직도 살아 있고
이쪽 하나는 백골
나는 안아 보았다
내가 안아 보았다
반천년도 넘는
풍상의 잔해(殘骸)가 안쓰러워서.
이곳이 실크로드의 중요 노정(路程)임을 다시 일깨웠다.
사마르칸트로 달리는 4시간 버스 바깥 풍경

산은 어디로 갔는가?

2011. 10. 29.
'사람들이 만나는 도시'라는 사마르칸트
이 나라에서 가장 오래 된 도시.
여자 문익점이 이 나라에도 있어서
이곳 사마르칸트의 여인이 중국으로 갔다
누에씨를 머리에 감추어 와서
여기서도 양잠업을 일으켰단다.

이 타국에서 우리의 조상 고구려인을 뵈올 줄이야
아프라시압 박물관 : 저기 조우관(鳥羽冠)을 쓰고
저 허리띠를 한 이는 고구려인이란다.
사마르칸트 중심에 있는
건장한 아미르 티무르(帖木兒)의 동상이 있는 광장
독립 이전의 스탈린 광장
총칼로 일어선 허영의 역사는
쓴웃음처럼 오래 가지 못하는 법.

아미르 티무르(Timūr/Timour, 1336~1405)의 동상
영웅의 모습은 이런 것인가?
저 눈을 보아라
저 몸통과 팔 다리를 보아라

가계(家系)는 칭기스칸에 이어진단다
왕대밭에 왕대가 나는 것인가?
시스탄 전투에서 오른발을 다친
지엄하신 당신을 게 누가 감히
태머레인(Tamerlane : 절름발이 티무르)이라 불렀는가?
주둥이만 살아 있는 이 조무래기들.
'아미르'는 왕, '티무르'는 '철근', '强한'
두계(斗溪)는 우리의 고구려 시조 주몽(朱蒙)도
'티무르(Timour)'라고 했다
가까이 모시고도 몰랐었던가?
그래서 영웅도 그 하인에겐 평범한 사람이라 했던가?
(No man is a hero to his valet.)
구르 에미르(Gur Emir) 영묘(靈廟), 지배자의 무덤:
티무르 대제의 묘, 그 아들, 손자의 묘

왕의 아들이 아닌 몸으로 왕이 된 영웅
대담 · 용맹 · 준엄하면서도
학사 · 문인을 보호하고 무역과 상업을 장려한
명철한 영웅.
내 무덤 앞에, 위에 내 스승의 시신을 모시라는
영웅 티무르의 마음 씀이 갸륵했다.
그래서 티무르는 더욱
'지상에 존재하는 신의 그림자'였는가
비비하눔 모스크의 박공에 쓰여 있는 대로.

남정북벌에 일찍이 대적할 자가 없던 영웅도
세월 앞에선 돌아가야 했다
필부 범부도 가는 길이다.
생애 마지막으로 저 오만한
중국 명(明)나라를 정벌하러 가자
때는 1404년, 진군의 나팔을 울렸다
아! 그러나 70 가까운 노구(老軀)로는
너무 늦은 출정(出征)이었는가
너무 큰 천하통일의 꿈이었는가
원정 행군 중 시르다리야 강변
오트라르(Otrar) 진중(陣中)에서
동사(凍死)하였다던가, 병사하였다던가
촉한(蜀漢)의 공명(孔明), 그 오장원(五丈原)의 애달픔이
이곳 서역(西域)에도 있었던가?
절세(絶世)의 영웅도
1405년 2월 9일 70세를 일기로 돌아갔다
과연 영웅의 죽음 자리로다
불세출(不世出)의 영웅이
해를 가리고 세상을 덮을 영웅이,
어찌 아녀자와 철없는 어린 것들의 호곡 속에
안온한 침상에서나 숨을 거두리요.
중국의 명나라는 이때
걸출한 황제
영락제(永樂帝, 1360~1424) 성조(成祖)의 치세였고

조선은 태종 5년이었다
영락제 역시 주어진 밥상의 소유자가 아니었다.
정난(靖難)의 변(變, 1399) 그 주인공이었다
조선의 태종 이방원도 형의 밥상을 앗은 인물
동아시아의 중국, 유교(儒敎)의 나라 명(明) 나라
천하의 중심이라 자부하는 중국의 영락제와
서역(西域):
중앙 아시아의 이슬람 강국 티무르 대제(大帝)의
용호상박(龍虎相搏)을
역사는 용납하지 않았었는가,
말렸는가
관전(觀戰)하기 피를 말리는
역사의 멋드러진 승부였을 텐데.
민초들의 목숨이야 어차피 파리 목숨인 것
하늘이 두 해를 용납하지 않았음이었는가?
타의 밥상을 빼앗은 점
풍찬노숙 동정서벌의 진중에서 돌아간 점.
영락제와 티무르 대제, 그들은 역사의 쌍생아였다.

티무르 대제, 그의 궁전을 다 짓고서
그 궁전 건축 기술자에게 물었다.
"그대 또 다른 궁전을 만들 수 있는가?"
"있습니다."
왕은 그 건축 기술자를 죽였다.

"폐하께서 시키시면 노력하겠습니다."라고 했으면
살 수 있었을 것이었단다.
인도의 타지마할의 완성 후에도 그랬었다던가?

아, 영웅도 아름다운 여인 앞에서는
한갓 범상한 질투의 남정네였는가?
비비하눔(Bibi Khanum)
모스크에 얽힌 슬픈 사랑의 이야기
여기 먼 서역 땅에 우리 '하님'이란 말의 원천이 있었네
이들의 '하눔(Khanum)'은
'고귀한 집 처자(處子)', '귀부인', '왕비', '공주'였고,
우리의 '하님'은
'계집종들이
서로 존대하여 부르는 말' 곧 '하전(下典)'이었으나
원래는
주인 · 상전(上典) · 가장(家長)이란 뜻이었다네.[19]
여덟 왕비 중에 가장 사랑하는
중국 공주 또는 몽골 출신의 왕비
동정서벌에 바쁜 티무르의 사랑이 그리워서였던가
외로워서였던가
모스크의 건축기술자와 사랑에 빠진 왕비
여덟 왕비 중 가장 사랑하던 왕비의 배신에 대한
이글거리는 파란 불빛을 띤 티무르의 증오는

19) 上典卽 항것 故士夫家婢亦曰 하님 卽下主也(黃胤錫, 華音方言字義解).

높다란 미나렛에서 왕비를 떨어뜨려 죽였다네.
가장 아름다운 모스크의 건축도 중단시켰다네.
젊은 페르시아 건축가는 잽싸게 메카로 도망쳐 버렸다네.
대제(大帝)께서는 명령하였다네
제국내의 모든 여성들은 얼굴을 가려라
모든 여성들은 남성들을 유혹하지 말라
대제께서는 아직
리골레토(Rigoletto)의
제3막《여자의 마음》을 모르셨었던가.
불세출의 영웅이
일개 아녀자와의 사랑에만 빠질 수야 없었었던가?

인간사에 외침(外侵)만이 걱정은 아니다.
1966. 4. 26. 05. 22.
강도(强度) 8.3, 지속 시간 53초의 대지진
70%의 건물이 무너졌었단다
그 폐허에 재현해 놓은 당시의 상황과 피해 규모
'지진(地震)을 기념(紀念)'함은 옳은 것인가, 아닌가?
삶을 기리는 것이야 좋은 일이지만
죽음이야 기릴 수도 기념할 수도 없지 않은가.
죽은 제자의 영전에 절을 해야 하는가.
그러면 어찌해야 하는가.
죽은 제자가 일어나 절할 수 없으니
스승이 절할 수밖에 없단다.

오스만 꾸란(古蘭)은
4부만 남겨 두고 모두 태워 없앴단다.
①루브르 박물관 ②영국 ③메카 ④ 타시켄트
타시켄트 꾸란의 기막힌 전전(轉傳)은 국력의 탓인가?
조루스 시장(4개의 문이 있는 시장)
그 삶의 구체적 현장을 보았다.
고려인 상점인 듯한 가게를 지나보았다.
조심스러운 마음에 말을 걸지는 못했다.

우리가 그렇게 보려고 별렀던 포석(抱石) 조명희 기념관
휴일이라서 옆모습만 보고 지나쳤다.
박복한 분 : 포석.
해방된 조국의 품에도 못 안기고
찾아온 고국 후학(後學)들의 손도 못 잡아보는 분.

이중사회주의로력영웅(1905~1974)
김병화 박물관을 어둠 속에 찾았다.
1937년 스탈린의 강제이주 정책의 희생으로서
꼴호즈(집단농장)를 성공으로 일군 이,
진흙탕의 갈대밭, 늑대와 멧돼지가 출몰하는 갈대밭을
옥토로 바꾼
자랑스러운 고려인(高麗人) 연해주 출생의 김병화.

껌껌한 기념관 안을 따라 걸으면서

불모의 남의 땅에서도
굳세게 살아남은 고려인(高麗人)
한국어 교사이자 가이드인
태 씨의 억센 말투의 설명을 울먹거리면서 들었다.

2011. 10. 10. 개통의 전철(電鐵)을
우리는 10. 29.에 타 보았다.
낯선 남의 나라에서
이런 행운이 내게도 또 있는가
스페인 회사 기술로 건설되었단다.
새 것은 역시 좋은 것.
새 건물, 새 기차, 새 시설, 새 임원.

10. 30.
1835년에 중앙아시아 국립대학을 세운 나라
학문과 문화 창달을 위해 노력한 왕권과 국민의 나라
앨제브라(algebra) : 대수학(代數學)의 어원이
이 나라 말이란다.
세상이 안 알아주어 그렇지
속으로 자랑스러운 조상 없는 사람
내세울 국보 없는 나라 어디 있는가
조상 자랑은 못난 후손의 푸념일 뿐
1924년부터 시작된 소련의 지배
60만 명이 죽임을,

어린이는 시베리아 노역으로, 노인은 살해된
동병상련(同病相憐)의 뼈아픈 역사 뒤에
1991.8.30. 우즈베키스탄 독립
1991.9.1. 우즈베키스탄 자유 독립 기념일.
고려인이 몸을 일으켜 교통장관
우즈벡 국립항공사 회장이 되었다니
우리들은 흐뭇했다. 듣기 좋았다.

주워들은 우즈베키스탄 말의 단어들

금 : 띨라.
석류 : 아노르.
뽕나무/ 오디 : 두트. magoki.
자귀나무 : 두브.
소나무 : 아르챠.
향수 : 아토리(attori).
카페트 : 길라밀라리(gilamilari).
목걸이 : 마르존.
잔디 : 침.
큰(grand) : 부육(buyuk).
버드나무 : 마주눈털.
우주(宇宙) : 미어(mir) (Grand Mir Hotel).
아내(wife) : hotin.
남편(husband) : er.

눈(eye) : 쿠스(터키어 / 우즈벡어).

미루나무 : 바카테라크.

고맙습니다 : 스파시바.

싱가포르 · 말레이시아 · 인도네시아

(2012. 1. 26. ~ 2012. 1. 29.)

제1일(2012.1.26.)

오늘은 여행 떠나는 날 설레는 날

약속한 곳에 도착한 버스에 올랐다

여행의 동반자를 만나는 일은 반가운 일이다.

광막한 우주에서

그 중 이 별[星]위에서

생의 동반자와 함께

여행의 동료를 만난다는 것은 얼마나

가슴 설레는 일이냐.

더 좋은 여행 계획으로
함께 나서지 못하는 아쉬움을 안고
환송 차 나온 따뜻한 정성은
떠나는 마음을 얼마나 다사롭게 하는가.

두 번째 가는 곳이라지만
새 마음이면 새 길 새 곳
자랑스러운 우리의 공항 인천 공항을 나섰다.
들었던 대로 깔끔한 싱가포르 창이 국제공항 착

싱가포르 입국, 다시 출국
말레이시아 입국
사증(査證)이 바쁘다
국경이 무서움은 늘 새롭다.
숙소에 들다.

제2일(2012.1.27.)
이른 아침 커튼을 젖히니
저기 아침 해가 구름 속에 빛난다
그러면 저쪽이 동쪽
여기는 말레이시아
큰길에는 아직도 눈에 불을 쓰고 달리는 자동차
사이사이로 줄지어 잽싸게 달리는 오토바이 바이시클
활력이 넘치는 삶의 현장이다

말레이시아 국립대학(U.K.M.) 한국어 담당교수,
20여 년 전
그 때만 해도 나도 젊었었어.

07.40. 관광 출발
아빠까바르르ㄹㄹㄹ(안녕하십니까?)
덩달아 생각나는
트리마카세이(고맙습니다),
슬라맛다땅(환영합니다), 슬라맛잘란(안녕히 가세요).
구부정한 중국계 말레이인의 유창하기는 하나
외국인 말투의 한국어 가이드
남의 나라 사람이 내 나랏말을
저렇게 잘 하는 것이 이렇게 자랑스러울 수가.
강산이 변할 만큼 세월이 흘렀어도 나는
남의 나라 사람이 말하는 내 나랏말로
남의 나라 여행안내를 받는다는 것이
이렇게 가슴 저리도록 고마울 수가 없다.
30여 년 전,
가난이 서러운 이름 개발도상국의 대학 교수로서
남의 나라 장학금을 받아
남의 땅에서 공부하며 듣던 이야기가 생각나서다
너의 나라에도 눈이 오느냐?
너의 나라 밀림 속에는 모기가 그렇게 많으냐
우리 집 옆집 사람도 한국인 고아를 입양하고 있다

한국에는 고아가 그렇게 많으냐.

가이드의 레코드가 작동한다
말레이시아의 국토는 34만 ㎢,
한반도의 1.4배, 13개의 주(州)를 가진 나라,
9개 주 9명의 술탄[首長]들이 돌아가면서
국왕을 하는 나라,
G.N.P. 7,500$,
싱가포르는 35,000$,
포르투갈 · 네덜란드 · 영국 · 일본의
식민지를 겪은 나라,
지진과 온천이 없는 나라.

말레이시아의 우로(雨露)를 받고 살면서도
남의 나라 일처럼 말함은 중국계인 탓인가?

다시 싱가포르
가이드의 총알 같은 축음기 작동
국토 618 ㎢, 서울보다 조금 넓은데
인구는 서울 인구의 반인 500만,
말레이시아인으로
매일 싱가포르로 출근하는 인구 10만,
싱가포르의 임금이 월등 높기 때문,
인구는 중국계 76% · 말레이인 14% · 인도인 7.7% ·

유라시아인 그 나머지
1965. 8. 9. 말레이시아연방에서 독립,
G.N.P. 4만 $
(오전 말레이시아 가이드는 3만 5천 $이라고 했음),
정원의 나라 정원의 도시 싱가포르,
국화(國花)는 양란(洋蘭),
좋고(fine)도 나쁜 벌금(fine)의 나라;
침을 뱉어도 벌금,
껌을 씹어도 벌금,
술을 마시고 토해도 벌금 1,000 $,
벌금의 나라, 술 · 담배 · 자동차가 비싼 나라,
소주 한 병에 우리 돈 25,000~30,000원,
담배 한 갑 12,000원,
그래서 주당과 골초들의 지옥,
세계를 향하여 깨끗하다고
싱가포르가 자랑하는 오염을 모르는 물,
전봇대가 없는 깔끔한 거리,
청렴한 그래서 더욱 봉급과 대우가 좋다는 공무원,
모두들 공무원이 되기를 바란다는 싱가포르.

가이드가, 한껏 재치를 부린다고
자연의 요구에 응하는 것(to answer a call of nature)을
'꽃밭에 물 준다.'고 하는 것은 아무래도 좀 어색했다.

주룽 새 공원. 점잖은 코뿔새 묘기를 보다
감탄하다 의심하다 애처로워하다 했다.
먹으려고 재롱인가, 재롱부리려고 먹는가
아이고, 저 불타는 굴렁쇠(ring)를 통과해야
살아남을 수 있는 새의 신세
야생을 잃은 너의 모습을 안쓰러워하다가,
투정을 부려 제 맘대로 날아가 저기 담 위에도 앉았다가
지붕위에도 앉았다가 하는 독수리를 보고
'역시 너는 새 중의 왕자로구나.'
나는 속으로 대견해 했다.

설립 100주년 기념식을 2005년에 했다는
세계의 명문대학이라는 싱가포르 국립대학(N.U.S.)을
먼빛으로 보고 많은 생각을 했다.
고리장이는 죽어도 버들가지를 물고 죽는다던가.

재래시장의 과일전 :
용과일(dragon fruit), 멜론, 망고, 두리안, 망고스틴
두리안(durian) 떨어지면,
사롱(sarong. 말레이시아 · 인도네시아 남녀의 스커트 비슷한 하의)도
덩달아 떨어진다는
과일의 왕 두리안, 호텔방에도 못 들어가는 제왕
제왕은 원래 구중심처 왕좌에나 앉아 계셔야 하는가.

역겹다던 냄새가 임의로워지는 것은 자연의 이치인가?
정력에 좋고 미용에 좋다니까
신사고 숙녀고 가릴 것이 무엇 있담
험상궂은 인상의 가시 속에
그처럼 느끼한 매력이 있음은 실로 놀라운 일
두리안(durian)의 어원이
겉에 가시(thorn)가 있는 과일이란 말이니
가시가 있으니 고운 장미였는가.

오후 7. 30분 인도네시아 바탐섬 착
명성을 익히 들은
가이드 '한 서방' 본명은 안토니란다
서방이 둘이면 이 서방,
다섯이면 오 서방, 여섯이면 육 서방, 아홉이면 구 서방.
넷이면 사(史) 서방은 모르고 있었다.
외국인이 우리에 관해
너무 많이 아는 것은 섬뜩한 일이다.

제3일(2012.1.28.)
한국인 뺨칠 만한 정확한 발음과 재치로
버스 출발과 함께 안내 시작.
바탐섬은 북위 0.8도에 위치,
몬순 기후, 인도네시아 인구는 2억 8천,
군인은 33만, 한국 군인은 65만

(미욱하게도 나는 몰랐었다),
13,677 개의 섬으로 이루어진 나라
(136 찍고 7땡이란다.)
367개 종족으로 이루어진 나라,
현재 미국 대통령 오바마가 4년 동안 교육 받은 나라,
저기는 오바마 대통령이 좋아하던
쇠고기 완자 '바소' 가게,
나라의 크기가 남북한 몇 배,
위도 얼마 경도 얼마에 걸쳐 있는 넓은 나라 ……

그래 네 장딴지 굵어. 네 × 굵어.

이 섬 이름 'Batam'의 어원은
'batu'(돌) + 'ampar(떨어지다, 놓다)'.
저기 산에
하얀 글씨로 'Welcome to Batam'이라고 써있는 것은
L.A.의 산에 있는 'HOLLYWOOD'와 비슷한가?
안내자의 유창한 한국어 구사에 허를 내두를 수밖에 없어
묻지 않을 수 없었다.
한국어 어디서 배웠느냐, 한국에 가서 배웠느냐
한국에 가지 않았다. 책보고 배웠다
영어로도 가이드한다고 했다
우리 모두는 그의 외국어 학습 능력과 재치에 놀랐다.
이구동성으로 머리가 좋은가보라고 했다

실제로 백화점 서적부에 가보니
고급스럽게 만들어진
한국어 학습 교본이 여러 권 있었다.

원두커피 파는 곳
견물생심, 알갱이 커피를 두 봉지나 샀다
알갱이 커피를 갈아내는 기구도 없는 살림이다.
사향고양이 똥을 걸러내어 만들었다는
루왁(Luwak) 커피는 구경만 했다.
별난 이들의 별난 기호(嗜好)도 다 있다는 생각을 하다,
이솝의 신포도 생각을 하다,
군자도 시속을 따른다는 말을 생각하다 했다.
가이드의 재치를 보이는 두 우스갯소리
하나. 때리면 가슴이 아프고
안 때리면 머리가 아픈 것은
자기 아기.
둘. 인도네시아에서도 고사리를 먹는다.
그런데도 고사리를 잘 안 뜯는다.
고사리 많은 곳에 독사가 있기 때문.
남편이 고사리를 뜯다가 엉덩이 앞 몇 cm를 물리면
그 부인은 못 살아.
남편이 살아도 못 살아.

제4일(2012.1.29.)

6시 기상, 7시 식사, 07.40분 출발

Haris Hotel 출발,

가이드는 한국인

트랜스젠더(transgender) 모씨를 알고 있었다.

정작 이 나랏말 'Haris'의 뜻은 모르겠다.

이 나랏말 'hari'는 '낮, 하루, 날'이지만.

오늘은 그 동안 묵었던 숙소를 떠나는 날

가방을 가지고 내려와서 식사를 할까 : 부권(夫權)

식사를 하고 올라가 가방을 내려올까 : 여권(女權)

밥을 퍼서 국에다 말까 : 남권(男權)

국을 퍼서 밥에다 말까 : 여권(女權)

여권의 승리를 안겨준 아량에

나는 속으로 감탄했다

아암 그래야 하고 말구.

가이드 한 서방 안토니도 아듀

여행의 성패는 유능한 가이드를 만나는 것이라고 했다.

우리는 모두 이번 '바탐' 여행은 성공적이라고 생각했다.

다시 싱가포르 행

부두. 잔잔한 바다, 밝은 햇살,

알맞은 스크루 소리.

가방을 놓아두고 그냥 우리 회원들을 따라 걷다가

'아이구 내 가방' 화들짝 놀라 달려가지를 않나

안마를 받고 안마바지를
바지 속에 그냥 입고 나오지를 않나
나는 데퉁거리, 두통거리가 되었다.

여행이 좋은 것은
떠났다가 돌아올 내 나라 내 집이 기다리고 있기 때문,
한파가 한창인 내 나라로 가기 위해
공항 해우소에서 두툼한 옷으로 갈아입었다.
검색 후 탑승 대기실로 들어섰다.
우리가 탄 비행기가 만원이다 .
호기심을 못 이겨 승무원에게 물어 보았다.
승객 290 명, 승무원 14 명, 합 304 명이란다.

라이트 형제도 이 비행기를 보면
입을 딱 벌릴 것이다.

낙수(落穗) 하나
어리숙한 처녀가 있었다.
한 총각이 그녀와 재미를 보고 나서 그녀에게 말했다.
"당신 처녀 아니지?"
"저, 처녀라고 하던데요?"

이집트, 문화사의 현장

(2013. 1. 18. ~ 2013. 1. 27.)

까까머리 시절에 남에서 북으로 흐르는 내를 보았더니
머리에 서리를 이고서
또 남에서 북으로 흐르는 큰 강 나일(Nile)을 보았네.
물은 위에서 아래로 흐르는 것이고
북은 위고 남은 아래라면
남에서 북으로 흐르는 나일은
아래서 위로 흐르는 것.
흐르는 강물의 발원지(發源地)가 위이고 남(南)인데
사람이 상(上)이집트 아스완에서

하(下)이집트 카이로로 올라가면
강물 나일도 사람 따라 흘러오를 텐데
아, 어지럽다.

까마득히 먼 옛날
이 나라 이집트의
무서운 파라오(Pharaoh) 투투메스(Thutmes) Ⅲ세는
(재위 BC1504~BC1450?)
북에서 남으로 흐르는 유프라테스 · 티그리스강을 보고
거 참 이상하다고 했단다.
레나(Lena)강이나 예니세이(Yenisei)강 등
아라사(俄羅斯)의 강들은 남에서 북으로 흐르고
미시시피(Mississippi)강 · 메콩(Mekong)강은
북에서 남으로 흐른다.
우리의 금강(錦江)은 남에서 솟아올라 북으로 흐르다가
꺾어져 서남으로 구르다가 바다로 들어간다.
어차피 사람은 제 우상(偶像)을 안고 사는가 보다.
그래도 짙푸른 나일은
거품도 너겁도 모두 안고 바삐 흐르고
크루즈(cruise : 周遊觀光船)는 엇갈려
오르내리며 손을 흔들고
철탑 전주(電柱)는
성큼성큼 사막을 달려 까마득히 사라진다.

남자가 양(陽)이고 여자가 음(陰)임은 동방의 이치
하늘[Nut]이 여자[妹 : 婦]이고,
땅[Geb]이 남자[오라버니 : 夫]임은
오천 년도 넘는 역사가 땅에 묻힌 애급(埃及)의 생각
애급 땅에 왔으니 지아비 나는 땅이고
지어미 내 아내는 하늘인가 아닌가.

그림으로만 보아 왔던 저기 엄청난 피라미드들,
흐벅진 허벅지 같은 신전의 기둥들,
아, 하늘을 찌르는 오벨리스크들,
용궁 아스완댐에 갇힘이 안타까워, 온 세상이 부축하여
올려 모신 람세스 2세의 아부심벨 신전,
저리도 화사한 투탕카멘의 황금 마스크,

사람 머리에 사자 몸의 위풍당당한
저 거대한 스핑크스, 억! 천길 벼랑으로 다가서는
탑문(塔門 : pylon),
세계의 문화유산으로도 넘쳐서 배가 부른 고고학 박물관.
어느 것 하나 부럽지 않은 것 없는
저들 빛나는 유산은 누구의 것인가.

작고 여린 양(羊)이 아름다운 것은
빛이 비롯한 동방(東方) 나라의 예의(禮儀)
평균 연령 서른 살의 새파란 파라오가

신으로 부귀영화를 누렸던 이곳은
신(神)의 땅 남의 나라.
황금마스크를 쓰고서도
슬픈 눈빛을 하고 있는 저 앳된 투탕카멘(Tutankhamen)
개똥밭에 굴러도 가늘고 긴 복(福)의 이승이 더 좋은,
부귀영화는 감히 마음을 내지 못하는
동방에서 온 백발의 백면서생.

나는 지금 람세스(Ramses) 2세
당신을 참람(僭濫)하게도 부러워할까 말까
한참 망설이고 있습니다.
왕 노릇 68년, 향수 96세
카데슈 전투에서의 일당백(一當百)이 아니라
1 : 2500의 승리를 불러온 신의 가호와 용기
자기애(自己愛)가 강하셨다던 당신이
애써 곳곳에 세우신 신전(神殿) · 장제전(葬祭殿)
비빈(妃嬪) 50에 아들 79명, 딸 59명.
남편과 마누라 중
마누라는 마누라가 없어서 오래 산다는데,
무자식 상팔자라는데 ……
인샬라(insha'Allah : 신의 뜻대로 하소서).
당신은 참으로
오복(五福 : 壽 · 富 · 康寧 · 貴 · 子孫衆多)을 갖춘
불출세의 영웅이십니다.

당명황(唐明皇)은 양귀비 한 여인도
못 거느려 나라를 기울이셨습니다.

이집트의 여인 역사의 여인 클레오파트라(7세)
40세(BC 69~BC 30)를 불같이 살다간 여인
18세부터 22년을
여왕(재위 BC 51~BC 30)으로 군림했던 철의 여인
전형적 그리스 여인이었단다
얼굴은 모가 졌고 매부리코여서
용모가 미인은 아니었다니 세상은 고른 것
그래서 그나마 다행?
용모보다는 5개 국어를 자유롭게 말하는
두뇌가 명석한 여인이었단다.
케사르를 아비로 하여 케사리온을 낳고
안토니우스를 또 사랑하였음은
힘없는 나라를 온몸으로라도 지키려는
여왕의 일편단심?
그러면 영웅도 미인 앞에선
한낱 철없는 어린 아이였었던가?
나는 두 영웅의 속절없는 사랑이 슬펐다.

속이 비었다는 피라미드만 덩그런데
살아생전의 영화를 죽어서도 누리고 싶어
천년을 짧다 하고

황금관 속에 누워 계시던 신(神) 파라오는
몇 위(位)나 그 긴 잠에서 깨어나셨는지
영화로 넘치던 왕궁 터는 어디인가
왕후장상의 영화 뒷바라지에 생애를 마쳤던
땀과 눈물의 민초(民草)들은 모두 어디에 있는가
그 시절엔 왕공귀족만 살았었는가?
부귀영화나
오욕 칠정
(五慾 : 재물 · 색사 · 음식 · 명예 · 수면(睡眠)
(七情 : 喜 · 怒 · 哀 · 樂 · 愛 · 惡 · 欲)
모두가 실은
한갓 헛되고 헛된 꿈이었는가?

피라미드 문을 안팎으로 잠그고 나와
천기를 누설함은 호구(糊口) 탓이었나
파라오(Pharaoh)시여,
도굴꾼의 곡괭이가 그리 무서워서
사막으로 외진 사막으로 바위굴 속으로 찾아드느니보다
'데 엘 메디나'(왕들의 계곡을 건설한 노동자 마을)나
쿠르나 마을(도굴범들이 사는 마을)을 잘 단속하시든지
동방 나라 서라벌로 오셔서
적석총(積石塚 : 돌무지무덤)의 기술을 배워 가시든지.

마키아벨리는 이렇게 생각했을 것이다.

2부

산문에서 여운 찾기

운남성 곤명을 가다

(2013. 11. 24. ~ 2013. 11. 28.)

제1일 2013. 11. 24.

중국 운남성 여행길에 나섰다. 아파트 관리실에서 우리 집의 열 감지기가 작동된다는 전화가 왔다. 몸이야 닳지만 이제 어떻게 하겠나. 여행은 이런 일에도 나 몰라라 나서는 것 아닌가. 집에 언제 오느냔다. 며칠 외출이라고 했다. 여행이라고 말하긴 미안했다. 손잡이 부분만 닫은 것이 아니라 아래위 다 잠그고 열쇠도 가져왔다. 대리인도 어쩔 수 없다. 체념이 약이다. 동행이 다 모였다. 출발. 그래도 불안하여 딸보고 부탁. 큰 딸 순형이 아파트 관리 사무소에 갔단다. 관리인의 말은 지금은 열 감지기가 작동 않는다고 하더란다. 오작동 경우도 흔하단다. 이것만 믿기로 했다. 인천공항 오후 9.45분. 동방항공(비행기) 탑승, 이륙. 집으로부터 점점 멀어져 간다. 걱정도 멀어져 갔다. 탑승시간을 가까스로 대어 공항에 도착. 추적추적 내리는 겨울비 탓으로 차가 제대로 속력을 낼 수가 없었다. 대신, 탑승 수속 시간을 줄여서 좋았다. 기내식으로 저녁을 대신했다. 맛있는 기내식에 시장을 더하여 더 맛있었다.

제2일 2013. 11. 25.

25일 한국 시간 02.50분, 곤명(昆明) 국제공항 도착. 5시간 조금 못 걸렸다. 03.40분, 빨간 장미의 환영을 받으면서, 공항에 와서 기다리고 있던 여행사 버스에 올랐다. 가이드의 안내가 벌써 시작되었다. 버스 기사는 '찡따꺼' 또는 '찡쑤뻐'라고 부르면 된단다. 존대하여 부르는 말이지만 한국인이 듣기에 꼭 좋지는 않았다. "식사하셨습니까?"를 뜻하는 중국말을 연상시켰다. 나처럼 점잖지 못한 사람이나 하는 생각이다. 04.30분, 중황반점(中凰飯店 : 호텔 이름)에 여장을 풀었다. 여행이 끝날 때까지 이 호텔에만 묵는단다. 안정감을 주어서 좋았다. 호텔도 수준급이었다. 눈을 붙이는 듯하다가 07시부터 식사. 나는 손목시계의 시침을 그대로 두고 한 시간씩 마이너스하여 여기 시간을 맞추었다. 게으르기 이를 데 없는 짓이다.

이곳 시간 10시. 버스로 호텔 출발, 관광 시작. 1200년의 역사를 가진 원통사(圓通寺)를 보러 가는 길이다. 가이드는 흔들리는 버스 복도에 마이크를 들고도 용케 서서 재잘거린다. 국제공항이 있는 이 도시를 여기 중국에서는 '쿤밍'이라고 부른다. 운남성(雲南省)은 전성(滇省)이라고도 한다. 성명(省名) '전성(滇省)'의 '전(滇)'은 운남성에 있는 그 유명한 곤명호의 이칭인 '전지(滇池)'의 '전(滇)'에서 유래한 듯하다. '전(滇)'은 또 어디에서 유래했는지는 모르겠다.

운남성의 면적은 중국에서 8번째로 넓은 성이란다. 가이드는 운남성의 넓이가 우리의 4배라고 하였다. 나는 혼자 따져 보았다. 운남성의 면적은 39만 km^2, 한반도 면적은 초등학교 때 배운 지식에 의하면 22만 km^2. 그러면 운남성의 면적은 한반도 전체의 약 1.8배다. 예쁘고 똑똑하고 해박해 보이는 가이드가, '우리의 4배'라고 말한 것은 휴전선 이남을 '우리'라고 한 것인가? 휴전선 이남을 '우리'라고 했다고 하더라도, 정확히는 3.6배라고 해야 옳다. 한반도 안의 유일한 합법 정부는 우리의 대한민국이다. 따라서 운남성의 면적은 우리 대한민국 면적의 1.8배라고 해야 옳다.

나의 옹졸한 생각은 그 동안의 왕성한 간척 사업에 의한 드넓은 간척지의 면적을 포함하면 그 배율(倍率)은 1.8배보다 줄어 들 것이라고 궁색한 변명을 해 본다. 그러나 어떤 나라 한 성(省)의 넓이가 다른 한 나라 전체 면적의 1.8배라는 것은, 후자의 국민으로서 듣기 흔쾌한 말은 아니다. 또 밝힐 일이 있다. 내가 여기서 운남성이나 쿤밍에 관해 기술하는 내용의 거의 모두가 가이드의 설명을 따른 것임을 밝힌다.

그리하여 설명의 끝에 '~란다', '~라고 하더라'라고 하였다. 이러다가 지쳐 생략한 곳도 있음을 밝힌다. 또한 가이드의 설명을 잘못 메모한 것도 있을 것임을, 운남에 있는 교포 가이드에게 미리 양해를 구한다. 실제로 필자는 어떤 나라의 모처를 여행한 후, 가이드의 설명을 액면대로 믿고서 견문기를 발표한 적이 있다. 그때 명백한 오류를 발견하여 난감해한 경험이 있음을 고백하지 않을 수 없다.

운남성의 인구는 현재 약 4,700만이란다. 이 운남성의 인구와 우리의 인구 비교도, 국토 면적의 비교와 같은 생각이 들지 않을 수 없다. 다만 할 말은 '식구 많은 게 자랑이냐?'란 말 뿐이다. 그러면 상대는 말할 것이다. '인해전술 때 쓴다. 왜.'. 피차의 건강을 위해서 이만 줄이자.

여기 현지에서는 '쿤밍'이라고 하니, 내게 익숙한 '곤명'을 버리고 '쿤밍'이라고 불러야겠다. '쿤밍'은 꽃의 도시, 사시여춘(四時如春) : 봄의 도시, 해발 1,891m의 도시, 중국 서남단에 위치한 운남성(雲南省)의 성도(省都). 한국과의 시차는 한 시간 늦다. '유남성(雲南省)'은 현지발음 '윈난성'. 94%가 산지인 운남성은 중국에서 가장 많은 52(한국내 자료는 20여)개 소수 민족을 안고 있단다. '쿤밍(昆明)'이란 성도(省都) 이름도 이곳 소수 민족의 부족명에서 왔단다. 앞에서 사시여춘(四時如春)이라고 했지만 이곳에선 정확히 7개 기후가 있단다. 이곳은 약재·꽃·야채의 왕국이기도 하고, 268종의 버섯이 있어 버섯왕국이라고도 한단다. 가이드가 묻고 이내 대답한다. 중국에 많은 것은? ①인구(13억 9천) ②자진기 ③짝퉁이란다.

유불선(儒佛仙)이 공존하는 원통선사(圓通禪寺)에 도착했다. 입구의 원통승경문(圓通勝境門)은 저 유명한 명말청초(明末淸初)에 풍운을 몰고 와 살다간 사나이 오삼계(吳三桂)가 만들었단다. 더 정확히는 오삼계가 시켜서 그의 부하와 기술자 그리고 민초들이 만들었을 것이다. 그러나 다시는 그런 것 따지지 말자. 저 금동불전(金銅佛殿)은 태국 정부가 기증한 것이란다. 오삼계를 중국인명사전에서 찾아 간추려 보면 다음과 같다.

오삼계(吳三桂) : 요동(遼東) 출생. 명나라 금주(錦州) 총병관 오양(吳襄)의 아들. 아버지의 공으로 계속 승진하여 요동총병(遼東總兵)이 되어 산해관(山海關)의 진장(鎭將)으로서 청군(淸軍)의 진출을 막는데 힘썼다. 평서백(平西伯)에 봉해졌다. 숭정(崇禎) 17(1644)년 이자성(李自成)의 항복 권유를 거절, 청나라 군대를 입관(入關)시킨 뒤 이자성을 격파하고 평서왕(平西王)에 봉해졌다. 사천(四川)으로 내려갔다가 운남(雲南)으로 들어왔다. 강희(康熙) 원년(1662) 남명(南明) 영력제(永曆帝)를 살해하고 황명을 받아 운남에 주둔했다. 이 때 광동(廣東)의 상가희(尙可喜), 복주(福州)의 경정충(耿精忠)과 함께 '삼번(三藩)'으로 불렸다.

강희 12(1673)년 강희제가 철번(撤藩) 명령을 내리자, 상가희 · 경정충과 합세하여 '삼번의 난'을 일으켰다. 자칭 천하도초병마대원수(天下都招兵馬大元帥)라고 부르면서 '주(周)'

라고 나라를 세웠다. 악주(岳州)를 함락, 섬주(陝州)·감주(甘州)·절민(浙閩) 일대를 점령하니 사방에서 호응했다. 그러나 차츰 세력이 약해져 형주(衡州)에서 칭제(稱帝)했지만 반년 만에 죽었다. 손자 오세번(吳世璠)이 뒤를 이었지만 강희 20(1681)년 쿤밍(昆明)에서 청나라 군에 의해 멸망했다.

도로가에 버스를 세웠다. 여기는 운남육군강무학교(雲南陸軍講武學校). 만주청산리전투사령관으로서 일본군과의 전투에서 혁혁한 공을 세운 이범석(李範奭, 1900~1972) 장군이 1919년 이 학교 기병과(騎兵科)를 졸업했다고 한다. 동문수학한 최모 씨는 북으로 갔단다. 여기, 바다라고는 보이지 않는 내륙 깊이에 취호공원(翠湖公園)이 있다. 이 공원 호수에 갈매기들이 가득히 날았다 앉았다 하면서 기성(奇聲)을 질러대고 있었다. 관광객들이 던져주는 과자 부스러기에 목을 매다는 갈매기들이 신기하다 못해 서글펐다. 야성(野性)으로 돌아가라, 돌아가라. 바다로 돌아가라 바다로 가라. 나는 지금 어느 곳을 먼저 보았는지 순서를 잊었다. 메모해 둔 것이 불완전하다.

대관루(大觀樓) 어귀의 드넓은 돌에 곤명손염옹선생구구(昆明孫髥翁先生舊句) '대관루장련(大觀樓長聯)'이 새겨져 있었다. 그 내용을 알고 싶었으나 알 길이 없었다. 손염옹(孫髥翁, 1700~1775)은 이곳 곤명 사람으로 이름은 미상, 포의(布衣)로 살았다. 지두화(指頭畵)를 잘 그렸다. '지두화'란 손가락 끝으로 그리는 동양화의 하나로 청나라 고기패(高其佩)

가 하나의 화법으로 완성시켰다고 한다. 180자로 된 손염옹의 '대관루장련(大觀樓長聯)'은 18세기 당시의 인구에 널리 회자되었다고 한다.

서산의 용문(龍門)을 향해 아내와 나란히 삭도(索道)의 좌석에 앉았다. 케이블카는 컵에 가득히 든 커피도 흔들리지 않을 만큼 조용히 천천히 올라간다. 천지가 확 트이면서도 이렇게 아늑할 수도 있는가? 왼쪽으로 멀리 펼쳐보이는 곤명시의 맑고 밝고 준수한 건물들도 아름답고, 가까이 녹색 곤명호의 잔잔한 물결도 아름답다. 곤명호의 물에 무더기무더기 덩어리져 보이는 저 진한 녹색의 정체는 무엇일까? 호수 바닥에 깔린 수초들의 모습인가, 호수 물위에 떠있는 수초 덩어리 혹은 부유물 또는 그 그림자인가? 잔잔한 호수의 물결 위에 이따금 떠 있는 배는 꿈속처럼 천천히 움직이고 있다. 그것이 무엇이든 모두 곤명호의 아름다움을 한껏 보태고 있었다. 이렇게 아름다운 경치가 옛날부터 널리 알려졌던 모양이다.

그러기에 천하를 호령하던 청제국의 황제 : 건륭제의 어머니도 이 곤명호를 보고싶어 하셨다던가? 그 어머니의 소원을 들어드리려 아들 건륭제는 북경에 곤명호와 똑같은 호수를 파 드렸다던가? 천하가 다 알도록 입신양명한 후에 다시 이 같이 드리는 효도야 말로 참으로 시원하고도 큰 효도라고 생각된다. 이 불효는 어머니께 효도를 못해 드려 죄송해 하면서도, 불초 제가 건륭제의 어머니도 못 와 본 곳을 와서 이렇게 편안히 앉아서 즐김을 부모님께 고마워하고 있었다. 오늘날 말로 행복해 하고 있었다.

다시 삭도의 바닥에 올려놓은 발 그 아래를 굽어본다. 애써 꿋꿋이 높이높이 커 올라온 나무의 꼭대기(우듬지), 그 위에 내 발바닥이 놓여 있음에 나는 지금 오만해 하려 하고 있다. 이 또한 건릉제 어머니도 구경 못한 절경임에 틀림없다. 삭도에서 내렸다. 이제까지 가장 먼 거리의 케이블카를 타고 천하의 절경을 즐겼다. 여행의 동료들은 이 정점에서 다시 길을 잡았다. 걸어 내려오면서 석굴(石窟)과 또 다른 절경을 찾아 간단다. 우리 내외는 무릎과 발목이 아파 더 걷기를 포기했다. 다시 삭도를 타고 내려왔다. 거듭 보아도 천하의 절경이다. 그러나 더 걸어서 볼 수 있는 좋은 경치, 여행의 동료들이 보고 있는 경치는 내가 살아서는 다시 못 와 볼 경치임에 마음이 아팠다. 한참을 기다려서 다른 절경을 즐기고 온 일행과 합류했다. 내 생애 처음으로 여행의 동료들이 가는 여정에서 떨어져 돌아선 최초의 날이 오늘이다. 서글펐다. 식당 행. 중국술 두어 잔에 거나해졌다. 동료 교수가 한국에서 가져온 볶은 고추장이 참으로 맛있었다.

제3일 2013. 11. 26.

가이드의 배려로 침대바닥에 전기담요를 깔아 따뜻하게 잤다. 민족촌(民族村) 향발. 26개 종족이 있단다. 각 종족들의 주거 공간으로 들어가 보았다. 신기한 것들이 많았다. 모두 기후 풍토와 여건의 산물이란 생각이 들었다. 이렇게 보면 오늘날 우리의 편협되고 왜곡된 선입견으로 판단하는 문화의 척도는 꼭 옳은 것은 아닐지도 모른다. 15세가 되면 성인이 되는 종족도 있지만, 나시족은 13세가 되면 성인이 된단다. 그들은 노래 · 춤 · 피리로 사랑을 표시한단다. 그들은 모계사회여서 여자가 프로포즈한단다. 여자가 남자의 목에 수건을 걸어주고, 손바닥을 긁어준단다. 이때 3가지 물건을 선물한다. ①모자 ②고기덩이 ③작은 칼. ①은 연인(여자)의 창가에 걸어 놓는다. ②는 양몰이하는 개에게 주어 고기를 먹는 사이에 방해 받지 않고 연인의 창가로 가게 한다. ③은 연인이 있는 창가로 올라가서 창문을 여는 데 쓴다. 진작부터 있어 온 셰익스피어의 희곡 〈로미오와 줄리엣〉이다.

젊음은 어느 곳에서나 어느 때나 아름답다. 기노족은 남편이 죽으면 삼촌과 결혼한단다. 영국 문호의 비극 〈햄릿〉 내용보다 신사적이라고 할 수 있다. 기노족은 결혼식 때 신부를 꼬집어 주는 것이 축하의 표시란다. 이들 소수민족들에는 다음의 네 가지 혼인 제도가 지금도 존재하고 있단다. ①일부일처제 ②일부다처제 ③일처다부제 ④앗샤혼제. ①은 현대의 소위 문명사회 및 국가의 결혼제도와 같은 제도다. ②는 근대 이전의 우리 역사에서도 흔히 보아왔던 힘 있는 남성본위의 혼인제도다. ③은 티베트 · 네팔 등의 사회에서 아직도 존재하는 것과 같은 제도로, 특수한 생활환경에서 비롯한 것이라고 한다. ④앗샤혼제란 남녀 서로 연애만 하여 아이를 가질 뿐이지, '아빠(父)' · '지아비(夫)'를 알 수 없는 결혼제도란다.

여기는 나시족촌(納西族村). 나시족은 명나라 초 주원장에게 거의 다 죽어서, 지금은 운남성에만 거주한단다. 나시족도 모계사회여서 남자는 ①밥먹고 ②여자에게 성적 봉사를 하고 ③밖에서 일하고가 전부란다. 나시족은 상형문자를 가지고 있어서 이를 많이 전시하고 있었다. 또 이를 모아 책도 발간되어 있어서, 관심 있는 이들이 경쟁적으로 높은 값을 주고 사고 있었다. 필자도 상형문자집을 한 권 샀다. 간체자(簡體字)로 풀어 쓴 사마천의 전본사기(全本史記)를 30위안에 샀는데, 한국의 문고판보다 작은 상형문자집 동파지전(東巴紙典)을 70 위안을 주고 샀다.

마사인족, 티벳족, 나시족은 각각 자기의 집에 은밀한 '생사방(生死房)'이 있어, 죽을 때는 그 방에 가서 죽는단다. 민족촌을 돌아보고 서둘러 나오다가 백족(白族) 상징의 삼탑(三塔)을 보았다. 하얗게 솟아오른 웅장한 삼탑은 오벨리스크를 연상시켰다. 이곳의 심한 지진에도 무너지지 않았단다.

운남민족박물관(雲南民族博物館)행. 여행을 가서 그 사회의 문화와 민속을 알려면, 박물관을 먼저 보라고 했다. 잘 정리되어 있었다. 우리의 것들과 비슷한 것들이 많아서 신기하기보다 친근감이 앞섰다. 지금은 여기 시간 16.50분. 여기는 태화궁(太和宮). 앞에서 말한 오삼계(1612~1678)와 진원원(陳圓圓, 1623~1695?)이 펼친 사랑의 흔적이 남아 있는 태화궁(太和宮). 이 태화궁은 250톤의 금을 들여 만들었단다. 한 나라[명(明)]의 기욺을 재촉하고, 두 호걸을 무너뜨린 진원원은 어떤 여인인가 알아본다.

진원원(陳圓圓) : 명말(明末) 상주(常州) 사람. 본 성명은 형원(邢沅), 자는 완분(琬芬). 소주(蘇州)의 명기(名妓)로, 양모(養母) 진씨(陳氏)의 성을 따랐다. 용모가 빼어났고 노래를 잘 불렀다. 숭정(崇禎) 말년에 전귀비(田貴妃)의 아버지 전홍우(田弘遇)의 가기(家妓)로 있었다. 사종(思宗, 崇禎帝)에게 바치려고 했지만 황제가 거절했다. 결국 오삼계의 첩이 되었다가, 북경을 함락한 농민봉기군의 영수 이자성(李自成)에게 잡혔다. 이때 오삼계는 산해관(山海關)의 진장(鎭將)으로서 청군(淸軍)의 침입을 막고 있었다. 청군에 북경을 점령당한 숭정제는 목을 매 자살하고, 이자성은 오삼계에게 항복을 권유했다. 오삼계는 이를 거절하고 청나라에 구원을 요청하면서, 그 동안 막고 있던 산해관의 문을 열었다. 이어 이자성을 격파한 오삼계는 평서왕(平西王)에 봉해지고, 진원원을 손에 넣어, 그를 따라 운남으로 갔다. 전하는 말로 나중에 출가하여, 법명을 적정(寂靜), 자를 옥암(玉庵)이라 했다고 한다. 일설에는 청나라 군대가 삼번(三藩)을 평정하자 연화지(蓮花池)에 투신해 죽었다고도 하고, 또는 그 이전에 죽었다고도 한다. 이 어찌 경국지색(傾國之色)이 아니고, 파걸지모(破傑之貌)가 아니겠는가?

막상 오삼계는 금으로 덧씌워져, 어두운 태화궁 안에 추레한 좌상(坐像)으로 부조(浮彫)되어 있었다. 명(明)의 역적, 배신자의 말로(末路)를 보여 주는 것 같았다. 여행객들은 모두 그 많은 금을 들여 만든 오삼계의 모습 · 기둥 · 건물들에만 감탄하고 있었다. 태화궁 옆뜰에 서있는, 명말 청초에 심겨져 아직도 살아 있는 나무들과, 그 옆에 쓰여 있는 수령(樹齡)에 관심이 전혀 없었다. 조금 걸어 올라가니 작은 연못 가운데 진원원의 전신상(全身像)이 요염하게 갸우뚱히 서있었다. 요염한 것만 강조하였지, 신체의 부분적 비율은 전혀 무시한 예술 작품으로선 태작(駄作)이었다. 찾아보니 진원원(1623~1695?)은 오삼계(1612~1678)보다 11세 연하였다. 오삼계는 아주 연하의 여인(영*)을 좋아했던가 보다. 진원원이 요염을 다하여 서 있는 연못 옆 돌에는 다음과 같은 청(淸)나라 원가곡(袁嘉谷)의 시구가 음각으로 새겨져 있었다.

紅牝一代何知罪(홍빈일대하지죄) :
어린 계집이 어찌 (나라를 망친) 그 큰 죄를 알겠는가
凄絶琵琶弦外聲(처절비파현외성) :
비파 소리만 구슬피 현(弦)을 타고 흐르네.

– 淸, 袁嘉谷(청, 원가곡)

제4일 2013. 11. 27.

토림(土林)행. 'Earth Forest'라 영역한 것은 애교로 보였다. 이 토림은 유네스코 문화유산으로 지정을 받지 못했단다. 이 토림의 기기묘묘하게 아름다운 경치가 비와 바람에 씻기고 날려서 마멸 · 변형 · 파괴의 운명을 지니고 있기 때문이란다. 아내는 10여 년 전에 가본 미국의 자이언트캐년의 모습과 운명이 비슷하다고 하였다. 그러고 보니 그런 것 같다. 토림의 이 아름다움은 빗물의 솜씨인기, 비람의 조화인

가, 둘의 합작품인가? 모르겠다. 얕은 물이 흐르는 개울을 지나면서 토림 붕괴 · 마멸의 흔적을 보았다. 토사가 도랑을 가득 메웠다.

지금 이 아름다움이 오랜 세월 후에는 아름답지 않을 것이나도 염려된다. 그러면 아름다움은 역시 영원한 것은 아니란 말이다. 영원한 것은 없다면, 아름다움 역시 영원한 것은 아니란 논리가 성립된다. 아름다움이 영원한 것이 아니란 말은 진리라 하더라도, 그것은 우리를 슬프게 만든다. 아름다운 것은 영원한 것이라고 믿기로 하자. 이 믿음이 그래도 우리를 기쁘고 즐겁게 한다. 우리에게 힘을 준다. 우리를 슬프게 하고 낙담하게 하고 힘을 빼앗는 진리는 우리에게 필요 없다. 살아있는 동안은 필요없다. 싫다.

원모족(元謀族)이 사는 곳. 북경 원인처럼 170만 년 전 원모인의 유골이 발견되고, 공룡화석도 발견된 공룡의 고향이란다. 공룡 두 마리가 싸우는 모습이 화석으로 발견되었단다. 분명 수놈 두 마리였을 것. 눈 깜짝할 사이에 화산이 폭발하여 자신들을 덮어버릴 것도 모르고 둘이 싸우고 있었을 것이다. 둘다 가련한 중싱[衆生]들이다. 이곳은 이족(彝族) 백족(白族)이 사는 곳. 이족은 18세부터 성인이라고 하며, 이들의 토템은 호랑이와 거미란다. 이족(彝族)은 그들 고유의 언어 · 문자 · 달력을 가지고 있단다. 그들의 1년은 10개월. 그들은 또 간지(干支, 12支)의 처음을 호랑이로 하고 다음으로 쥐, 소 등으로 나아간단다.

그들은 또 여타 소수민족들과 달리 일부일처제 사회를 가지고 있단다. 이들 소수민족들의 장례는 목장(木葬), 토장(土葬), 화장(火葬), 수장(水葬), 천장(天葬)이 있단다. 수장은 시체를 물고기 밥으로 제공하는 것으로, 파먹고 남은 뼈들은 갈아서 다시 물고기 밥으로 준단다. 천장은 조장(鳥葬)과 같은 것으로 시체를 들에 내놓아 새들이 파먹게 하는 장사(葬事)다. 사장(四葬 : 水 · 火 · 土 · 鳥葬 또는 水 · 火 · 土 · 林葬)이 모두 풍속이지 뭐. 종교도 풍속이지 뭐. 문명과 야만·미개, 우아함과 비천함도 풍속의 차이지 뭐. 당대 현지 사람들의 기후·풍토를 따라 적응한 풍속의 결과로 나타난 것이라고 할 수밖에 없지 뭐. 그러나 현재 지구상에서 폭력, 좋게 말해서 힘(무력) 또는 문명의 이기(利器)를 가진 집단(국가, 민족, 문화권)은 특정한 장례를 채택하고 있다. 이들이 채택한 것만을 발전되고 문명화되고 고상한 것으로 여기고 있음은 사실이다. 당장 나도 수장, 조장, 혹은 임장은 죽어도 싫다. 죽은 후 내가 무엇을 알까만 싫다. 고루하게도 화장도 망설이고 있음을 고백하지 않을 수 없다. 이로 보면 등소평은 참으로 훌륭한 사람이다.

귀로의 여가에 박람강기(博覽强記)의 한 여행 동료가 앞으로 나와 마이크를 잡고 한 내용을 옮겨 본다. 중국의 4대 미녀는 다음과 같다.

①서시(西施, ?~?)
②왕소군(王昭君, ?~?)
③초선(貂蟬, ?~?)

④양귀비(楊貴妃, 719~756).

①은 선시(先施)라고도 한다. 성이 시(施)라서 서자(西子)라고도 부른다. 춘추시대 말기 월(越)나라 저라산(苧羅山) 사람. 별명은 이광(夷光). 저라산(苧羅山) 근처 나무장수의 딸. 절세의 미녀였기 때문에, 고기들도 서시를 보고는 부끄러워 물위로 떠오르지 못하고 가라앉았다고 한다. 그래서 서시를 '침어(沈魚)'라고도 했다. 또한 서시의 아름다움 때문에 그 지방의 여자들은 무엇이든 서시의 흉내를 내면 아름답게 보일 것이라 생각했다. 서시가 병들었을 때 찡그리는 얼굴까지 흉내를 냈다고 한다. 이것이 효빈(效顰)의 기원. 처음에 약야계(若耶溪)에서 빨래를 하고 있다가 월왕(越王) 구천(句踐)을 섬기던 문종(文種)에게 뽑혔다. 오(吳)나라에 패망한 월왕(越王) 구천(勾踐)의 충신 범려(范蠡)가 데려다가, 미인계로 오왕 부차(夫差)에게 바쳤다. 부차는 서시의 미색에 빠져 정치를 태만히 하다가 마침내 월나라에게 멸망당했다고 한다. 나중에 범려와 함께 오호(五湖)로 달아났다고도 하고, 강에 빠뜨려 죽였다고도 한다. 미인을 두루 이르는 말에 '서시(西施)'가 있고, 물고기 이름에 '서시(西施)'가 있다.

②의 이름은 장(嬙.墻), 자는 소군(昭君). 전한 원제(元帝) 때 양가(良家)의 자제로 입궁. 경녕(竟寧) 원년(기원전 33) 흉노 호한야선우(呼韓邪單于)에게 한(漢) 원제(元帝)가 내려주어 결혼. 호한야가 죽자 귀국을 청했으나 거부당하고, 호한야선우의 아들 복주류선우(復株絫單于)의 아내가 되어 딸

둘을 낳았다. 죽은 뒤 흉노에서 장사지내고 무덤을 청총(青冢)이라 했다. 왕소군이 화공에게 뇌물을 주지 않아 못 생긴 얼굴로 그려 황제의 얼굴조차 보지 못하자, 자청해서 흉노에게 시집가겠다고 했다고도 한다. 떠날 때 비로소 미인인 것을 안 원제가 화공 모연수(毛延壽) 등을 죽였다고 한다. 그 아름다움이 공중에서 날아 내리는 기러기 같다 하여 '낙안(落雁)'이라고 하였다.

③은 사도 왕윤(王允)의 집 가기(歌妓). 동탁(董卓)과 여포(呂布)의 후처. 사서에는 없는 인물. 중국에서 나온 인명대사전(人名大辭典)에도 안 나온다. 야사에서는 조조가 관우에게 주었다는 설도 있다. 삼국지연의에 '하늘에서 내려온 선녀와 같았다'고 한 가상의 인물. 하도 예뻐서 달도 숨었다 하여 폐월(閉月)이라고 했다.

④는 당 현종의 황후. 자태가 꽃보다 아름다워 꽃이 부끄러워해서 '수화(羞花)'라고 했다. 가무에도 능했고, 음률에도 정통, 지략과 계산에도 남달랐었다. 원래 현종의 제18자 수왕(壽王) 이모(李瑁)의 비였음. 안록산의 난에 마외역(馬嵬驛) 불당에서 목을 매 자살했다.

그러나 중국의 고시에 벌써 '침어낙안(沉魚落雁)'이나 '폐월수화(閉月羞花)'가 나온다. 전자는 (여인이 하도 아름다워서) '물고기가 물속으로 달아나 숨고, 날던 기러기가 내려앉는다.'는 말이고, 후자는 '달이 숨고 꽃이 부끄러워한다.'는 말이다. 둘 다 여자의 용모가 매우 아름다움을 형용하는 말이나. 선사는 장자(莊子) 제물론(齊物論)에서 유래하였다.

有沉魚落雁之容(유침어낙안지용)
閉月羞花之貌(폐월수화지모)

— 宋, 佚名氏《錯立身, 2齣》

위에 든 중국의 4대 미인은 그 절세의 미모로 안으로는 스스로의 인생을 그르쳤고, 밖으로는 그를 가까이한 사나이들, 그도 영웅호걸의 생애를 망치고 크게는 나라를 기울게 한 여인들이다. 그래도 사람들은 미인 그들을 좋아하여 입에 올리면서 좋아하다 미워하다 한다. 범상한 사람들, 그에도 못 미친 못난이들에게는 그림의 떡, 그도 닿을 길 없는 절벽에 걸린 그림의 떡이다. 우리들 중 누구도 자기 집안에 있는 안 아름다운 여인(추녀는 아니고)을 빼고, 집 밖에 있는 추녀를 그리워해 보고, 그가 좋아서 입에 올린 적이 있는가?

숙소로 돌아오는 고속도로변, 아득히 펼쳐진 12월 채소농장의 푸른 물결이 풍성을 보여 주어 좋았다. 곳곳에 우뚝우뚝 혹은 무더기로 서 있는 유칼립투스(桉樹 : eucalyptus)를 보고 여기에도 그 귀여운 코알라가 있느냐고 가이드에게 물었다. 없단다. 아름다운 경치를 보면서 하루를 보낸 우리를 태운 버스는, 어두운 곤명의 거리를 헤집고 달린다. 두 눈에 불을 켜고, 얽힌 실타래를 풀면서 달려오고 달려간다. 이것이 사는 것이란 생각이 들었다.

제5일 2013. 11. 28.

식사를 마치고 07.15. 모든 짐을 가지고 승차. 밖은 껌껌

하다. 아듀, 중황주점(中凰酒店). 채색사림(彩色沙林) 행. 사림은 3림(토림, 사림, 석림)의 하나. 사림은 삼국지연의에 나오는 맹획(孟獲)의 고향이란다. 서촉의 승상 제갈량이 맹획을 칠종칠금(七縱七擒)하던 곳도 이 곳이란다. 그러나 이 '칠종칠금(七縱七擒)'은 나관중(羅貫中)의 《삼국지연의(三國志演義)》에만 나올 뿐, 진수(陳壽)의 정사(正史) 《삼국지》에는 나오지 않는 허구일 뿐이라고 한다. 좀 섭섭한 일이다. 입구에 '채색사림풍경구(彩色沙林風景区)'라고 크게 쓰여 있었다. 조금 들어가니 '爨氏浄雕簡介(찬씨정조간개)'라고 한문과 영역문의 안내판이 있었다. 우리의 관심은 '爨'에 있었다. 이것은 성씨란다. 안내문에 '爨(찬)'의 뜻은 'cook(요리사)', 발음은 'cuan(촨)'이라 쓰여 있었다. 집에 와서 자전(단국대 동양학연구소, 한한대사전)을 찾아보니 다음과 같았다. 위의 내용과 대체로 일치한다.

爨 : 찬. 換. 去聲《廣韻》七亂切 cuàn.

①불을 때어 밥을 짓다.

②불을 때어 밥을 짓는 사람.

③불을 때어 삶거나 끓이다.

④불에 타다. 태우다.

⑤부뚜막. 아궁이. 또는 부엌.

⑥송대(宋代)의 잡극(雜劇)과 금대(金代)의 원본(院本) 중 간단하게 연출되었던 희곡의 명칭. 연극(演劇)을 두루 이르기도 한다.

⑦별 이름.

⑧고대 부족군의 이름과 고대 땅 이름. 이족(彝族)의 옛 이름. 운남성(雲南省) 지역에 거주하는 소수 민족이다.

⑨성(姓).

이상으로써 다음을 알 수 있다. '爨'의 중국음은 'cuàn(촨)'이고, 우리 한자음은 '찬'이다. 이는 또한 고대 운남지역의 땅 이름이자 이 지역에 살던 소수민족인 이족(彝族)의 옛 이름이다. 그 뜻은 '요리사'다.

사림의 겉흙은 검은 색이나 조금만 파보면 속은 고운 노랑 혹은 흰색이었다. 이 사림의 굴이나 문(門) 기타 많은 시설들은 최근의 각종 사극물 : 〈삼국연의(三國演義)〉〈서유기(西遊記)〉 등을 촬영하느라고 인공적으로 만든 것이 90% 이상이라고 한다. 조금 실망했다. 영리를 위한 자연 파괴의 현장인 셈이다. 이곳은 2~3억 년 전에는 바다였었는데, 융기(隆起)에 의한 지각변동으로 지금과 같은 땅이 되었단다. 조금 들어가니 맹획의 크나큰 좌상(坐像)이 우리를 압도하고 있었다.

그런데 좌상의 피부 여기저기가 벗겨져 있었고, 피부의 재질이 플라스틱이어서 약간 실망했다. 구불구불 오르고 내리다 보면 기기묘묘한, 그야말로 귀부신공(鬼斧神工)의 여러 형상들이 전개되고 있었다. 굴을 지나고 문을 거쳐 내려오는 길 옆, 수직으로 폭 파인 굴 안에 제갈량이 서릿발 같은 위엄으로 앉아서 우리들을 내다보고 있었다. 우리들은 그 앞에

서서 한 커트. 평생, 충의(忠義)로 유비를 도와 한실(漢室) 부흥을 꾀하다가, 유비도 가고 없는 세상에 철없고 어두운 후주(後主) 유선(劉禪)을 섬기다가 간 슬픈 공명을 생각했다.

위나라 장군 사마의(司馬懿)와 위남(渭南)에서 대치하다가 오장원(五丈原)의 전투에서 식소사번(食少事煩), 늙은 몸을 다하다가 병으로 죽은 제갈 승상을 생각했다. 유감스럽게도 청말의 정치가·학자로 '변법자강(變法自疆)'을 주장했던 강유위(康有爲)가 '천하신품제일(天下神品第一)'이라고 했다는 찬룡안비(爨龍顔碑)는 못 보았다. 이 비는 남조 송(南朝宋) 때 용양장군(龍驤將軍)과 영주자사(寧州刺史)를 지낸 찬용안의 묘비다. 대명(大明) 2년에 세워졌으며, 청초(淸初)의 유명한 금석문학자요 서예가였던 완원(阮元, 1764~1849), 우리의 유명한 금석학자·서화가 완당(阮堂) 김정희(金正喜, 1786~1856)와 막역한 사이였던 완원(阮元)이 운남성 육량현(陸良縣)에서 발굴한 것이다. 찬보자비(爨寶子碑)와 더불어 이찬(二爨)으로 불린다.

구향동굴(九鄕洞窟) 행. 지하의 구향동굴을 보고 지상의 석림(石林)을 본다. 구향동굴은 해발 2,050m의 산에 있다. 나라의 얼굴이 넓으면 그 속도 넓은가? 구불구불 지하로 흐르는, 수량(水量)이 많고 센 물줄기를 따라 내려갔다. 몇 겁의 세월을 쉼 없이, 이 물이 여기 석회암을 씻어 내렸을 것이니, 그 규모가 웅장화려하지 않을 수 없었을 것이다. 물소리가 지하에서도 이리 요란하다. 그 소리는 지상의 소음이 아니어서 대화를 방해해도 아무도 나무라지 않았다. 여기는 15,000㎡의 사자광장. 지하에 천연으로 이렇게 넓은 마당이 있다니. 천안문 광장만이 광장이 아니라, 이것이야말로 진짜 지하의 광장(廣場)이다.

그런데 여기에 비극의 고기 맹어(盲魚)가 네모진 어항 안에서 헤엄치고 있었다. 나서 죽을 때까지 태양을 못 보는 고기, 그래서 맹어(盲魚)라고 한단다. 가이드의 설명을 따라 눈이 있을 자리를 보니 푹 파여 들어가 있었다. 그래도 유유히 헤엄쳐 오고가고 있었다. 다 커도 16cm밖에 안된단다. 마음이 짠했다. 아내와 나는 구향 신녀궁(九鄉 神女宮)까지 올랐다. 지난번 서산 용문(西山龍門)을 못 가본 데 대한 억지였다. 걸어올라 가다가 힘이 다한 아내는, 두 팔로 계단을 짚어가며 정상에 올랐다. 카메라맨이 기다리고 있었다. 고마웠다. 여기서 한 컷을 아니 찍고 어이하랴. 내려가 밖의 태양 아래서 찾는단다. 우리돈 3,000원이 이 먼 땅에서 환영을 받는다. 내가 조금 오만해졌다.

여기는 삼림(三林)의 마지막 코스 '석림(石林)'이다. 이렇게 최초로 이름 지은 이는 이곳 고급 관료였다고 돌에 새겨져 있었다. 참으로 잘 지은 이름이다. 평일인데도 관광객이 넘쳐난다. 이 경치를 안 보고는 운남을 보았다고 하지 말라. 입구에 들어서면부터 수직의 웅장한 기개로 솟아오른 암벽이 우리를 압도한다. 다시 바위 벽면에 '석림(石林)'이라고 세로로 크게 음각한 글씨가 우리를 반겨 준다. 누구의 글씨라고 밝히지 않았음은, 궁금증을 불러오긴 했지만 잘한 일인

것 같았다. 다른 곳에 쓴 글씨도 마찬가지였다. 필자의 이름은 지운 듯했다. 이 석림은 수억 년전 바다 밑이 융기하면서 바다 바닥의 바위가 솟아올라 이루어진 것이란다.

돌숲 사이에 난 꼬불꼬불한 오르막길을 오르는 앞 사람을 따라 걸으랴, 가까이 또는 멀리에 전개되는 돌숲의 화려한 경관을 탄상(歎賞)하랴, 뒤에 따라오는 여행객에게 방해가 되지 않게 걸어 오르랴 나는 참으로 바빴다. 석림의 바위들은 바닥을 모르는 깊이에서, 얇은 종잇장처럼 솟아올라 물결에 하느적이고 있었다. 하늘을 향해 날카롭게 솟아올라 물결치고 있는 석림의 칼날들은 무엇인가를 하늘에 호소하고 있는 것 같기도 하고, 난시(亂時)에 봉기한 군병들의 장낟 혹은 칼날 같기도 하다. 군무(群舞)를 즐기는 멋쟁이 새 펠리칸의 부리같기도 하고, 우아한 춤을 추고 있는 홍학의 부리 같기도 하다.

아름다운 경치에 취하다 보니 오르막의 험한 길에도 발목의 아픔을 잊었다. 이렇게 아름다운 돌수풀의 향연은 귀신같이 만들어졌다고 해야 하나, 사람이 만든 것 같다고 해야 하나 모르겠다. 오르넌 실이 박히는 곳에 정자가 오뚝 솟아 있었다. 우리 모두는 정자에 성큼 올라섰다. 천하의 인물을 알아주는 것은 명군현상(明君賢相)이듯이, 자연의 아름다움을 알아주게 하는 것은 인간의 손길이다. 이 정자가 아니었더라면 멀리 가까이의 이 아름다운 절경을 이 많은 사람들이 어떻게 즐길 수 있겠는가.

저기 솟아오르던 펠리칸의 부리 바위들은 잠시 멈추어 칼로 잘라 평면을 만들었다. 그 위에 새로이 멋쟁이 박공(牔栱)을 올려놓기도 하였다. 마치 아테네의 파르테논 신전의 기둥 위에 올려있는 박공 같았다. 파르테논 신전의 박공보다 멋있었다. 여기 박공은 밑받침과 거의 떨어져 있어, 그 틈으로 보아도 저 건너의 하늘빛이 보였다. 금방이라도 허공을 박차고 날아오를 것 같아서 더 멋있었다.

모두들 이 정자에서 저 돌수풀과 일체가 되고 싶다고, 안고 서고 하여 카메라 앞에 섰다. 아득히 멀리 혹은 가까이 펼쳐진 바위숲 · 돌숲을 다시 보았다. 역시 아름답다. 아무리 아름다워도 이곳을 떠나가야 한다. 아귀다툼하는 진세(塵世)로 돌아가야 한다. 그곳에 가야 허기도 채울 수 있고, 쉴 수도 있다. 아름다움 그것만으로는 일상의 의식주를 해결할 수는 없는 것. 같이 살 수는 더욱 없는 것. 떠나 있어야 한다. 떠나야 한다. 아름답지 않아도 조강지처에게로 돌아가야 한다.

범상한 사람에게 주어지는 극도의 아름다움은 독약이다. 비상(砒霜)이다. 여행의 끝자락에 최고의 아름다움을 보여주어 즐기게 함은 큰 모략이었다. 그래도 나는 좋았다. 그래서 대미(大尾) · 만미(滿尾) · 대단원(大團圓)을 장식한다고 했는가? 내가 아는 유일한 것은 '끝이 좋으면 전부가 좋은 것(Ende gut, alles gut. All's well that ends well.)'뿐이다.

남인도 기행, 일상의 탈출

(2016. 12. 14 ~ 2016.12. 21.)

2016. 12. 14.

아내가 준비한 가방을 메고 끌고 함께 나섰다. 권태로울 수도 있는 일상의 궤도를 일탈함이, 사고(事故)만이 아님은 참으로 다행한 일이다. 생활에 활기나 참신을 불러 올 수도 있는 것이 여행이라고 함은, 이웃들이 사치라고 질시할 수도 있다는 두려움에 대한 변명이거나 핑계만일까? 우리들의 이 자그마한 일탈은 날이면 날마다 하는 여행이 아니다. 호사를 극한 제왕이나 부호들의 질탕한 나들이가 아니다. 나그네 인생길에 또 다른 나그네, 아니 이젠 뜻 맞는 동료를 만난다는 것은 세상을 살아가는데 얼마나 든든한 일이냐.

공항(空항)이라고 했는데, 언제나 사람들로 넘치는 곳, 공항(공港)이라고 했는데 바다는, 배는 모두 어디에 있느냐? 얼마를 드나들어야 어수선하지 않은 곳이 되려느냐. 드디어 우리의 쇠새는 날기를 시작했다. 무료를 달래려 책을 보다, 영화를 보다, 뒤채면서 잠을 청했다.

이 무슨 고생이냐고 볼멘 생각을 하다 물을, 모이를 날라 온 예쁜이의 뜻을 거절하지 못한다. 값은 치른 것이란 데다 달콤한 맛의 유혹에 혀가 전횡(專橫)을 한다. 배부르고 살찌는 것은 내 책임이 아니란다. 난 모른단다.

그래도 이 배부르고 등 따스운 사치와 아픈 엉덩이 · 허리 싸움을 어찌한담? 나는 배와 등, 엉덩이와 허리에게 협박을 하였다. 이 쇠새[비행기]에서 내려줄 테니 걸어갈래, 배타고 갈래? 우리의 혜초(慧超) · 겸익(謙益), 중국의 현장(玄奘) · 법현(法顯)의 고행을 생각해 보렴.

나는 혼곤히 잠들 수가 있었다. 드디어 인도 착륙 여기 시간 18.25분. 한국 시간 21.30분.

제1일. 2016.12. 14.

이민국 통과. 승차. 가이드 이름은 라케슈. 테니스 라켓이 슈? 드디어 가이드의 사명이 나타나기 시작했다. 피부색이

다른, 남의 나라 사람이 내 나라말을 저렇게 잘하다니 두려웠다.

나마스테(안녕하십니까).

텐냐와드, 슈크리아(고맙습니다).

인도란 나라의 이름은 넷이 있단다 : 인디아, 힌두스탄, 파르트, 아리아브라트. 인구는 13억. 29개 주. 인도에서 조심할 건 ①물 ②음식. 큰 도시는 뭄바이, 콜카타, 델리, 첸나이. 한국과의 시차는 3시간 30분. 동서는 3,510km …… 호텔에 들면서도 몸 검사, 짐 검사를 하다니. 누가 그렇게 모질어서 선량한 사람들이 이렇게 의심을 받는지.

제2일. 2016. 12. 15.

4.30 기상, 5.30 식사, 6.00 출발. 또 바쁜 일정이 시작되었구나. 가이드: "나마스테(안녕하십니까)". 홍차를 선물로 준다. 엿 먹이는 것인가? 3시간 비행. 국내선도 엄격한 몸 검사 짐 검사. 첸나이 노착. 가이드 라케슈의 재치와 유머는 대단했다. 오랜 한국인 관광객 안내를 계산에 넣어도 그랬다. 호텔을 나올 때 빠뜨리지 말 것은 가방, 모자, 틀니, 빤쓰. 운전수 이름은 또라이, 조수는 모루게슈. 인도는 세계 최고의 다언어 사용국으로 350개 언어가 사용되고 있단다. 또 인도의 GNP는 1,500$인데, 한국의 GNP는 25,000~30,000$이란다. 속으로 으쓱. 그러나 다시 인도의 자랑.

인도에서는 기원전 3,000년에 농사를 시작했고, 구구단이 아니라 19단이 있고, 요가가 시작되었고, 0의 개념을 최초로 생각해 냈고, 불교 발생국이란다. 그러나 250년(조금 뒤에는 300년이라고 했음) 영국의 지배를 받았고, 아직도 여러 계급이 실제로 있단다. 다시 자랑. 최초로 대학을 설립했고, 한국(신라)의 혜초 스님이 공부한 날른다대학이 여기 있다. 여기서 600권의 책을 중국으로 가져가서 불교가 전파되었다. 1루피는 한화 33원, 1$은 한화 1,150원, 인도 돈으로는 66 루피. 1835년까지는 인도에 거지가 없었다. 현재 인도인 45%가 문맹이고.

모디 수상과 3명만 알고 10 개월 걸려 독일에서 화폐를 만들어 와서, 밤 8시 30분에 화폐개혁을 발표한 지 며칠 안 된다고. 새 화폐로 바꾸느라고 은행 건물 앞에는, 사람들이 길게 줄을 지어 있다고. 차창 밖을 내다보니 사람들이 그러했다. 화폐개혁으로 돈을 많이 가진 사람과, 가짜 화폐를 많이 가진 파키스탄 사람들이 망했다구. 한국 사람도 하나 걸렸단다. 큰 도시는 뭄바이, 콜카타, 델리, 첸나이(아까 말했는데). 인도인 45%가 문맹. '자이알리타'라는 인도인을 위해 헌신한 여자가 죽었을 때, 200명의 사람들이 따라 죽었다고. 실제로 우리가 간 곳마다 그녀의 후덕해 보이는 얼굴이 플래카드에 실려 있었다. 한국인 5,000명이 첸나이에 산단다. 참이슬 한 병에 15$ 한다고. 한국인이 경영하는 식당에서 맛있는 한국 음식을 즐기고, 오후 2시 마하발라푸람(마말라푸람) 사원행.

6~7C, 팔라바 왕조 때 세워졌단다. 하나의 바위를 파내어 5형제(Five Rathas)가 이 엄청난 몸으로 나타나다니. 돌을 부분 부분으로 짜 맞추어도 엄청난 작업인데, 하나의 바위를 파내어 이렇게 만들다니. 종교의 힘 곧 신심, 왕권의 힘, 경제의 힘 어느 것에 의한 것인 지 모르겠다. 안내자는 인도의 신(神) : 'GOD'이란 'G' 창조의 신(generator)인 브라만신, 'O' 보호자(operator) 비슈누신, 'D' 파괴자(destroyer)인 시바신의 합성어란다. 어원학적으로는 그러하지 않다.

신에도 등급이 있어 브라만신이 최고, 두 번째가 비슈누신, 세 번째가 시바신(半女半男)이란다. 인도에서의 카스트 제도는 기원전 1800년부터 생겼다고 한다. 이 깊은 뿌리가 석가모니의 착한 마음을 인도로부터 쫓아냈나보다. 예수 그리스도도 이스라엘에서는, 구세주(救世主)로서 아직 오지 않았다고 하는 모양이다. 왔는데 쫓아낸 것은 아닌가? 아주 예로부터 선지자는 그 고향으로부터 홀대받아 쫓겨났나 보다. 저기 탑 안에 성인(成人) 두셋이 들어설 만한 굴이 하나 있다. 부부가 함께 들어가 입을 막고 코로 소리를 내어(허밍)보라고 가이드가 말한다. 판즈라타(댜느년념 : 명상의 석굴). '우웅웅웅' 울린다. 신기했다.

여러 가지 인도의 신화가 하나의 바위를 혹은 깎아내고 혹은 새겨서 만들어진 아르주나 고행상, 실제 코끼리와 거의 비슷한 크기를 통바위를 깎아 만들었다고 한다. 놀라운 일이다. 크리쉬나 버터볼(가파른 바위 절벽에 서있는 거대한 바위덩이). 과거 왕들(가이드는 영국인들)이 위험성 때문에 코끼리로 끌어내리려고 했으나 실패했단다. 성공보다 실패가 더 좋은 예가 자살과 이것인가? 그 말을 믿고 나는 미끄러운 바위를 기어올라, 두 팔로 떠미는 흉내를 내보았다. 우리 일행 모두는 이 바위 옆에 서고 앉고 눕고 하여 한 커트.

해변사원 행. 몇 사원은 바다에 잠겨 버리고 이것만 남아 있단다. 몇 년 전까지 만해도 간조시에는 바다에 잠긴 탑이 보였는데, 지금은 안 보인다고 한다. 무엄하기 이를 데 없는 바닷물이다. 현재의 이 사원도 바닷바람에 마모가 심한 편이다. 남의 집 살림 걱정할 형편이 아닌 우리고 나지만, 이제까지 보아온 사원들의 보존책을 걱정하지 않을 수 없었다. 귀로. 퇴근길 · 밤길의 엄청난 자동차와 오토바이 그리고 릭샤. 그 혼잡 속의 운행을 보고 탄복 · 탄식을 하였다. 한국인이 경영하는 영두식당 식사 후 숙소 Crowne Plaza 행.

제3일. 2016. 12. 16.

마두라이 향발. 안내자의 설명. 인도인 이마에 백색의 가로줄 세로줄 또는 세로줄과 점은 그가 믿는 신(시바신 또는 비슈누신)을 나타낸단다. 여자는 그녀가 결혼 또는 미혼임을 표시하는 것이고. 네루는 카슈밀 사람으로 유명한 변호사였단다. 에베레스트가 높은 이유는 이것? 지금 수상 모디는 구자라트주 사람이란다. 마두라이는 나야크(Nayak)왕조의 수도로 스리 미낙시 사원을 중심으로 둘러 싸여 있다. 엄청난 높이까지 세밀한 조형물로 쌓아, 싸여 올라가 있음에 할 말을 잊을 수밖에 없다.

이 사원은 힌두교의 시바신과 미낙시의 사랑을 그리며 그들에게 봉헌하기 위해, 17C 나야크(Nayak) 왕조에 의한 건물이란다. '미낙시'란 '눈이 예쁜 여인'이란 말이란다. 60m의 남문은 1510 조각으로 이루어져 있으며, 12년마다 색칠을 한단다. 이 미낙시 사원은 64왕조, 700년 동안의 협업으로 이루진 것이란다. 기둥 1,000 개가 있다고 하나, 실은 985개라고 한다. 누가 세어 본다나?

16C에 건축된 영빈관은 현재 박물관으로 쓰이고 있다고. 두 손가락 굵기에 세 뼘 정도의 돌기둥으로 된 악기로 여기 직원이 연주도 해 주었다. 신기하였다. 과연 신발을 벗고 들어오라고 할 만했다. 본건물 가운데에 있는 '여신의 황금연못'에는 노란 빛깔의 기둥이 서있었다. 동행의 이해준 교수가 공주 갑사에 있는 철당간 지주와 색깔만 달랐지 모양은 똑같다고 하였다. 동감이었다. 무슨 연관이 있을 것 같았다. 이 교수와 나는 우리 가야의 허황후와 관련된 쌍어문(雙魚紋)을 찾았으나, 기둥에 새겨진 하나의 어문(魚紋)만 두 번 보았다. 그러나 요사이 만든, 마주 닫는 쇠문[鐵門]의 간막이에서 쌍어문(雙魚紋) : 고기 두 마리가 마주 보고 있는 것을 보았다. 조금은 다행이었다.

티루말라이의 나야크 궁전. 17세기에 세워진 이 궁전은 이태리 건축가의 설계에 의해 이태리 건축양식을 보여 준다. 현재는 원래 규모의 4분의 1만 남아 있다. 스와르빌라사('천국의 정자'라는 뜻)라는 여기는, 왕이 연회를 열던 공간으로 지금도 '빛과 소리의 향연'이라는 공연이 열리고 있단다. 진품

왕좌(王座)는 영국의 빅토리아 박물관에 가 있고, 여기 있는 것은 모조품이란다. 약자의 비극, 피지배자의 비극은 이것.

간디의 시신을 화장한 재가 뿌려진, 7개 도시 중 하나인 마두라이의의 간디 박물관. 우리 모두는 숙연해졌다. 위의 7개 장소는 간디의 생애와 관련된 곳이다. 이 7개 장소에는 간디 박물관이 세워졌단다. 1959년에 개관된 마두라이 간디 박물관의 가장 유명한 소장품은, 암살당할 때 입고 있었던 피묻은 도티이다. 유리 상자에 보관되어 있는 이 옷은 이 박물관에만 보존되어 있단다. 피의 흔적과 색깔은 많이 탈색되어 있었다. 보존 상태가 걱정되었다. 간디는 아들만 넷 있었단다. 독립 운동에 바빴었을 텐데.

간디는 아시럼[修道場 : 계급 · 색깔에 무관하게 잘 살기]을 만들었다. 간디를 '마하트마(마하 : 위대한. 트마 : 영혼) 간디'라고 한 이는 인도의 시성(詩聖) 타골이란다. 과연 시성이다. 훌륭한 사람을 훌륭한 사람으로 볼 줄 안 사람은 훌륭한 사람이다. 영어에 다음과 같은 말이 있다. "자기 측근의 사람에게 영웅으로 보이는 사람은 없다(No man is a hero to his valet)." 그런데 타골은 가까이에 있는 '간디'를 '마하트마(위대한 영혼) 간디'라고 보았기 때문이다.

1857년 인도 국민이 독립운동을 일으키고, 1945년 간디가 독립운동을 시작하여, 1947년에 인도는 독립을 쟁취하고, 1948.1.30. 간디는 제자 나투람 골드세이에게 암살당했다. 아, 이 비극! 배반자는 늘 가까이에 있었는가? 예수도, 간디도, 브루투스 앞의 카이사르도, 우리의 박정희 경우도. 선지자는 그 고향에서 홀대받고 배반당하고, 쫓겨나고 죽음을 당하는 것인가? 간디가 암살자의 총에 숨이 넘어가면서 한 말은 '헤람 헤람(신이시여 신이시여)'이었단다.

이 말은 괴테가 죽을 때 했던 말 "좀더 빛을, 좀더 빛을(Bitte Licht Bitte Licht)"과 같을까 다를까? 간디의 말이 더 심각했었을까? 나는 잘 모르겠다. 다만 괴테는 자기 명대로 다 살다가 숨을 거두었다. 이른바 오복(五福)의 하나인 고종명(考終命)을 했음에 생각이 미친다. 괴테가 도달하고자 했던 바와, 간디가 이루고자 했던 바가 같았을까 달랐었을까에도 생각이 미친다.

기원전 3700년에 벌써 인도에는 문자가 있었단다.

제4일. 2016. 12. 17.

07.50분 마두라이의 Fortune Pandian Hotel을 나섰다. 테까디로 가는 중이다. 버스 안 앞자리에 서서 흔들려가며 말하는 안내자의 자전담(自傳談). 가난에서 일어나, 어렵게 한국 관광객 가이드가 된 것에 만족한단다. 여기서 더 올라가도 되고, 안 올라가도 되고. 2013년 어렵게 비자 받아서 한국 갔었다. 그해 가이드가 됐다. 한국 사람 뜨거운 국물도 시원하다고 한다. 믿을 놈 하나도 없다. 한국어 중국어보다 배우기 어렵다. 1시간(일 시간) 2시간(이 시간) 3시간 걸립니다. 밥 먹어. 진지 잡수셨어요. 50~60세 부인 - 제일 무서운 나이. 떨리기 시작해요. 영어를 아주 못하는 한국 여자 관광객 아줌마들이 호텔방 열쇠를 안에 놓고 나와서, '방 열쇠'를 찾

는다고 흉내내는 가이드의 몸짓 손짓에는 모두들 웃지 않을 수 없었다. 스마트키로 문을 여는 요즘에는 안 맞는 이야기. 웃자고 한 이야기일 것이다. 가이드의 손짓, 몸짓, 웃음이 귀여웠다.

인도 인구의 83%가 힌두교도. 인도인은 죽으면 그날 곧 화장한단다. 기후 탓일 듯. 재는 간지스 강물에 뿌리고. 어떻게 모두 그 먼 곳까지 가는지 궁금하지만 묻지 못했다. 인도에서 풍력 발전기 설치는 한국, 톨게이트 설치는 일본이 담당한다고. 평지를 달리는 차창가의 나무나무. 꼿꼿하게 그리고 빽빽하게 서있는 키 큰 코코넛, 바나나, 빠빠야, 상처에서 하얀 피를 비닐봉지에 흘려 넣고 있는 고무나무, 나무 그늘 속의 집, 길가에 널려 있는 쓰레기 그리고 비닐, 맨발 또는 슬리퍼만 신고, 도티(인도 남자의 하의)만 입은 듯한 꾀죄죄한 남자들. 나는 관광객이다. 내 나라 걱정이나 하자 했다. 저기에는 포도밭도 있다. 이름 모를 나무들. 이들 모두가 자원이다.

아, 이제 오르막길이다. 해발 700m의 길이다. 구절양장의 급경사의 좁은 길이다. 우리가 탄 올라가는 버스와 내려오는 차량이 만날 곳에서는 반드시 신경질적인 경적을 울린다. 서로 비키는 차 사이에는 바람도 멈추어야겠다. 엄청난 경사를 굽이굽이 올랐는데, 저기 골짜기에는 시꺼먼 쇠로 빛나는 5~6 개의 굵은 양수관(揚水管)이 급경사로 치솟아 오르고 있었다. 영국 지배시 영국이 만든 것이란다. 그때 벌써 이런 굉장한 시설을 하다니. 놀랍다. 그럭저럭 우리의 버스는 비탈

길을 꼬불꼬불 다 올랐다. 이 높은 곳에 이 같은 평지가 있다니 놀라운 일이다. 번듯한 건물과 상점, 호텔도 있었다. Holiday Vista 호텔. 차밭 행. 이 많은 차를 어떻게 다 따고 상품화하는가. 차밭에서 찻잎을 따다가 차나무에 있던 코브라에게 물려 죽는 사람이 있단다. 안타까운 일이다.

차나무를 보면 다산 정약용의 『아언각비』에 쓴 말이 생각난다. 차(茶)를 마신다고 하면 안된다. 차(茶)란 겨울철에도 푸른 상록 교목이다. 그러니 차를 마신다고 하면 나무를 마신다고 하는 말이 된다. 따라서 찻잎을 달여서 그 물을 마신다고 해야 한다. 말씀은 지당하신 말씀. 지금은 율무차 · 감잎차(茶) · 생강차도 있는데. 차밭에서 돌아와 시장구경. 이 나라 풍부한 과일을 썰어 말린 것들을 파는 상점들을 돌아보았다. 건과류(乾果類)인가 견과류(堅果類)인가를 생각했다. 역시 상품이 거래되는 시장은 북적북적 번성하고, 농작물이 자라서 그것을 거두어 갈무리하는 시골은 한적한 바람이 부는 것은 어느 곳에서나 같은가 보다.

Ayurvedic Centre & Clinic 행. 최초의 인도 기름 마사지 경험. 기름을 머리부터 발끝까지 맨몸으로 뒤집어 쓴 내 몸을, 돼지 곱창 훑듯이 오르락내리락 훑는다. 내 남성이 화를 낼까 말까 했다.

식사 후 맥주 파티. 인도 맥주라고 해서 두어 잔 마셨다. 기분이 좋았다. 여행 동료 모든 부부의 이름을 기억하여 풀이하는 그의 총기에 놀랐다. 정명복 대령 내외는 아프다는 내 발목 치료를 위해, 우리 방까지 와서 치료해 주었다. 정명복 교수 부인은, 정통으로 공부하여 자격증을 가지고 있는 통증치료사라고 하면서, 곧 나아질 거라고 우리 내외를 안심시켜 주셨다.

제5일. 2016. 7. 18.

07시 식사 시작 시간을 지켜 10분 전에 나오니, 모두들 나와서 우리 내외를 기다리고 있었다. 민망. 식당 행. 테까디 알레피로 간다. 테까디는 인도 남서부 께랄라주에 있는 도시.

가이드 : 기원전 3000년에 브라만교의 근본 경전 베다(Veda : '지식'이란 뜻) 탄생. 카스트 제도 BC 1800년에 발생. 이전에는 카스트 문제가 없었다.

머리 : 선생(그루) 담당.

어깨 · 손 : 전쟁 담당.

배 : 비즈니스 담당.

다리 : 일 담당.

몸도 각 부분이 제가 맡은 일을 한다는, 해야 한다는 이야기인 듯했다. 그래서 카스트 제도가 정당하단 말인가? 내가 물으니 가이드는 자기가 브라만 계급이라고 했다.

부처는 29세에 출가. 기원전 5C 불교 발생. 부처님의 아버지는 슈도드나. 힌두교도였단다. 부처는 룸비니 정원 무우수(無憂樹) 아래서 태어났다. 7보 걸으면서 '천상천하 유아독존(우주간에 나보다 더 존귀한 것은 없다.)이라고 했다.' 불교는 종교가 아니다. 부처는 80세에 돌아갔다. 부처 몸에서 80kg의 사리가 나왔다. 부처 멸후 200년, 아쇼카 왕이 깔링검에서 2만 명을 죽였음을 참회하여, 84,000개의 사리탑을 세웠다. 힌두교는 자연종교다. 대승불교 : 불상이 있음. 소승불교 : 불상 없음. 모헨조다로(펀자브 지방의 도시 유적) : BC 2500~1500년에 만들어짐. 지하수, 소금 제조.

한담 헌담 : 젊은 남녀 신혼여행을 왔다. 사랑놀음을 하였다. 후속조치 자료가 없었다. 그냥 말리기로 하였다. 신부는 벌써 말랐는데, 신랑의 것은 아직 다 마르지 않았다. 신랑의 것은 통째여서 그랬단다. 한국인 관광객으로부터 들었단다. 역수출의 예.

알레피 수로에서 하우스보트 유람. 바람은 시원하고 물결은 잔잔하다. 진시황도 이런 유람은 못해 봤을 걸. 오고가는 배 위의 나그네들은 제 행복에 겨워 서로 손을 흔들어 준다. 다만 이 백워터의 흐린 물에 빨래함이 마음에 좀 걸렸다. 또 오고가는 하우스보트의 이물과 고물이, 물위에 떠있는, 죄 없는 부평초의 조용한 삶을 부숴뜨림이 민망했다.

달리 음식 : 여러 개의 작은 종지에 각각 다른 소스를 담아서 둥근 쟁반 가에 동그랗게 늘어놓고, 인도 전통 음식인 '난'을 찍어 먹었다. 특이했다.

네델란드인이 지어서 코치왕에게 선물한 네델란드 궁전행. 주변의 환경 정리가 아쉬웠다. 우선 먹고 살기가 바빠선가?

가이드 : 쿵푸는 중국보다 인도가 먼저 개발했단다. 그것이 중국으로 간 것이란다.

Cochin Synagogue(유대인 마을). 이스라엘 독립 후 모두 돌아가고 3 가족만 남았단다.

바스코다가마가 세운 '성 프란시스 성당'(St. Francis CSI Church Fort Koch). 15C 폴투갈의 바스코다가마가 왔다가 모기에 감염, 뎅기병으로 숨져 이 성당 바닥에 묻혔었단다. VASCO DA GAMA Tomb이라고 씌여 있었다. 그의 아들이 시신을 폴투갈 리스본으로 옮겼다고 한다. 시신도 남의 나라는 싫은 모양이다.

바닷가. 14C 중국의 어망. 바다에 그물을 수직으로 깔아 놓았다가, 일정 시간 후에 들어 올려 고기를 잡는 어망. TV에서 본 그대로였다. 관광객 우리들을 의식해선 지 어망을 들어 올렸다. 고기는 별로 없었다.

카타칼리 전통 무용극(나크라순다) 공연을 보러 갔다. 오랜 분장 과정을 보고, 또 공연을 보았다. 감정을 눈짓으로 전달하는 것이 신기했을 뿐 줄거리와 역사, 언어를 모르니 싱거웠다. 소문난 잔치에 먹을 게 없는 법. 카타칼리는 일본의 가부키, 중국의 경극과 함께 동양 3대 연극 중의 하나라고 한다.

제6일. 2016. 12. 19.

코임 바토르로 이동. 이 나이에 이역만리 여행을 절름거리면서라도 따라다닐 만한 우리 내외의 건강, 알뜰히 배려해주는 멋진 여행 동료들, 고급스러운 숙소, 이국적이면서도 맛있는 음식, 아름다운 경치, 찬탄을 금할 수 없는 훌륭한 역사 유적의 관람, 자기 나라(관광객인 우리로선 남의 나라) 역사와 문물을 잘 알면서도, 내 나라말을 내 나라 사람처럼 잘 아는 이국인 가이드가 있는 이번 여행! 이 어찌 나는 행복하다고 하지 않을 수 있겠는가? 1970년대 나는 잘 알아듣지도 못하는 영어를 모국어로 하는 가이드의 설명을 들으면서, 외국인들 사이에 끼어들어 이방인 속의 이방인으로서 외국여행을 하였다. 그러면서 깃발을 들고 줄지어, 그들의 말 일본말로 안내를 받으면서, 외국여행을 즐기는 일본인들을 얼마나 부러워했는지 모른다.

가이드 : 인도의 학생들은 오전 7시 등교 오후 1시 귀가란다. 조금도 쉴 사이가 없는 우리 학생들을 생각하면 얼마나 부러운 일인가 아닌가 모르겠다. 가이드도 한국의 실정을 알고 있는 듯했다. 8시간 일하는 노동자들의 임금은 기술자 10$, 조수 5$이란다. 농사짓는 이들은 새벽 4시부터 일하기 시작하여 해뜨기 전, 그리고 일몰 전에 일한단다. 이는 '주말 농장을 합네.' 하는 나도 배워야 할 일이다. 뜨거운 한낮은 피하는 것이 합리적이기 때문이다. 가스트의 최하층 계급이란 수드라(sudra : 노예계급)에서 대통령도 나오고 미사일 개발자도 나왔단다. 간디도 자이나(Jaina) 교도인 카스트의 셋째 계급인 바이샤 출신이란다.

한담 헌담 : ①북한에서 우리말 어휘. 긴불알(형광등), 줄불알(가로등, 크리스마스 트리의 전구). 쌍불알(두 개 달린 전구), 떼불알(샹데리아). 살틈(여성기), 살가지(남성기), 틈

새 후비기 또는 살꽂이(교접).

②할머니와 어머니를 모시고 사는 영구가 학교에 갔다. 선생님이 흰 봉지를 가져오라고 했다. 영구의 할머니가 학교에 갔다. 다음 날은 검은 봉지를 가져오라고 했다. 영구 어머니가 가셨다.

③提報紙. 弘報紙. 인도는 몇 시? 네 시(인도 네 시아). 비는 몇 도? 오도다.

가이드 : ①여자 친구가 있는 청년이 다른 여자에게 사귀자고 하였다. 여자가 연락한다고 하였다. 오랜 만에 편지가 왔다. 열어보니 알파벳으로 이렇게만 씌어 있었다. ILLHYHL. 거꾸로 보면?

②땀에서도 카레 냄새가 나야 인도 갔다 온 것.

③인도에서 여자 18세, 남자 21세 결혼 가능. 결혼은 과자다. 해도 후회, 안 해도 후회하니까.

점심 식사 후 높은 산 구불구불한 길을 차로 오른다. 울창한 숲 사이로 난 길을 올라가는 우리 버스와 내려오는 차가 아슬아슬하게 피한다. 좌로는 아득한 낭떠러지, 골짜기 건너에는 까마득한 산이 보였다. 오후 3시. 오르막 험한 길에서 용을 써서 그랬는지 산 중턱에서 차가 멈추었다. 우리 일행은 모두 내렸다. 작은 원숭이들이 하나 둘 달려와서 먹이 주기를 고대하는 표정. 아무것도 주지 않고 그들의 모습만 구경했다. 그들의 사랑놀음을 보았다는 이들의 말에, 볼 것을 못 보았다는 관광객의 아쉬운 생각이 들었다. 재주 많은 가이드의 요가를 따라 하다가 요란하게 웃는 우리들의 웃음소리에 원숭이들은 모두 도망갔다.

차를 고친 모양이다. 출발한다. 조금 가다가 또 정지. 가이드가 새 차를 불러와서 갈아탔다. 이것도 다양한 여행의 한 경험이라고 생각되었다. 좁은 길의 곡예 운전은 여전했다. 가고 오는 차가 충돌할 것 같은 생각에 간담이 서늘하기 한두 번이 아니었다. 그러나 기사를 믿기로 하니 마음이 편안해졌다. 우리가 머물 숙소에 도착했다. 보안을 위해서라고 사진도 찍는다. 방 배정 후 식사. 여행 동료 정명복 전 대령의 생일 축하 노래, 와인 파티. 정 교수는 식당에 있는 오르간으로 연주, 다른 이들은 노래. 식당 안의 다른 나라 사람들도 웃으면서 좋아하는 눈치였다. 정명복 교수 내외가 우리 방으로 와서 내 아픈 발목을 치료해 주고 갔다. 고마운 이들이다.

고생해서 온 이 곳 우띠(Ooty)는 해발 2,160m에 위치하여, 더운 인도에서도 연평균 15도 내외란다. 선선한 기후여서 영국령 시대에는 영국인들의 휴양지였단다. 밤에 우리는 추위를 느껴서 에이컨을 끄고 잤다. 호텔에서 내다본 도시의 밤풍경은 참으로 아름다웠다. 구름 한점 없는 맑은 하늘에는 별이 총총 가까이서 빛났고, 도시의 불빛 또한 별처럼 촘촘히 빛나고 있었다. 하늘의 별빛과 도시의 불빛이 함께 빛나고 있었다.

제7일. 2016.12. 20.

07.50 젬 파크 호텔(Gem Park Ooty)을 나서서 마이소루 향발. 출발에 앞서 정원(GEM TERRACE GARDEN) 산책. 잘 가꾸어진 화초 사이에 써있는 글. '너의 가장 훌륭한 스승은 너의 마지막 실수다(Your best teacher is your last mistake)'. 실수를 늘 두려워하는 나의 가슴을 꽝 쳤다. 우띠는 동인도회사가 있던 곳. 그래서 영국풍의 도시. 영국인 묘가 있다. 모든 산이 '닐기리'(파란 산)다. '닐기리'의 '닐'은 인도어로 '파랗다(靑)'의 뜻이고 '기리'란 산스크리트어로 '산(山)'이란 뜻이다. 우리의 민요에 나타나는 '닐리리'가 생각났다. 지나친 생각일까? 인도인은 고기를 '할랄'이라고 하여 살살 자른다. 제트카는 한 칼에 자른다. 힌두교와 이슬람교 서로 모두 반대다.

힌 : 1번 결혼. 이족혼. 기도 동쪽 향. 검은색. 돼지 ×. 할레 ×. 다종교 안 싸움.

이 : 3번 가능. 동족혼. 기도 서쪽 향. 흰색. 돼지 ○. 할레 ○. 다종교 싸움.

가이드의 이야기 : ①잘난 척하는 형과 착한 동생이 있었다. 차사고로 둘 다 죽었다. 형이 천국 문 앞으로 가니 신이 똥통과 꿀통을 내밀면서, 어느 통으로 들어가겠느냐고 물었다. 형은 꿀통으로 들어갔다 나왔다. 동생이 왔다. 동생은 똥통으로 들어갔다 나왔다. 신이 명령했다. 서로 상대방을 핥

으라고. 다시 형수가 죽어서 신 앞에 왔다. 형수는 남편에게 물어보았다. 형이 자기의 경험으로 보아 똥통으로 들어갔다 나오라고 했다. 형수는 똥통에 들어갔다 나왔다. 동생의 댁이 왔다. 남아 있는 꿀통에 들어갔다 나왔다. 신은 명령하였다. 자기 몸을 빨아 먹으라고.

② 바라나시에 홍수가 났다. 할아버지가 떠내려갔다. 할머니가 "할아버지 없으면 나 못 살아." 하면서 울었다. 젊은이가 할아버지를 구해냈다. 할머니가 할아버지의 샅을 살펴보니 살송이가 없어졌다. 할머니가 말했다. "아이구, 할아버지! 살아도 못 살아."

가이드에게 물어 보았다. 한국에 똑같은 이야기가 있는데 혹시 한국인에게 들은 것 아니냐고 하니 그렇다고 하였다. 역시 역수출.

인도에서는 BC5년에 수술을 했단다.

호주나 말레시아에 많은 유칼립투스나무는 인도에서 '스페디'라고 한단다. 이 나무 잎을 먹고 사는 코일라도 인도에는 없나 보다.

지금 우리가 탄 버스는 밀림 사이로 난 포장된 도로를 따라 달린다. 양편의 풀과 나무를 싹 베어버렸다. 어떤 곳은 태워 버리기도 하였다. 이 숲에 서식하는 동물들이 길 가까이로 나오지 못하게 한 것인 듯하다. 몇 십 분을 달렸을까? 아! 저기 길가 숲에 엎드린 야생 코끼리가 보인다. 버스가 조금 더 나아가니 사슴이 숲속으로 달아난다. 상아를 뽐내면서 느릿느릿 걷는 코끼리, 웃옷을 벗은 까만 피부의 청년들을 태운 너댓 마리의 코끼리가 길가로 걸어온다. 야생의 곰이, 호랑이가 나타난다는 입간판(立看板)도 보인다. 상아를 내뺀은 수코끼리, 얌전한 암코끼리가 냇가에서 빨래하는 여인과 묘한 조화를 이룬다. 더 나아가니 알록 점 무늬의 여러 마리 사슴이 보인다. 공작도 한 쌍 보인다. 이쯤이면 이것이 사냥은 하지 않는 사파리 투어가 되었다.

마이소르 궁전 : 4.5㎢ 72 에이커의 넓은 궁전. 1804년 목조 궁전의 화재로 영국인 조각가가 다시 건축했단다. 80kg의 순금 신상이 모셔져 있음이 신기했다. 신도 순금을 좋아하시나보다. 100년 전에 손으로 작동하는 엘리베이터가 있었단다. 1908년에 전기가 들어왔다. 현대감각이 물씬 풍겨 신성성이나 엄숙미는 느껴지지 않았다. 학생들이 여행 혹은 답사를 위해 많이 온 것 같았다.

시바신이 타고 다녔다는 차문디힐 정상 부근의 수소(牡牛)상 '난디'. 대부분의 관광안내서에서 암소라고 했으나 황소란다. 까만 모습의 4m 크기의 통돌로 된 이 소의 목에 걸린 108개 종은 108번뇌를 뜻한단다. 소에게도 번뇌가 있나보다. 아암. 목숨이 있는 것으로는 번뇌 없는 생명체는 없겠지.

입담이 좋고 재치가 있는 정명복 대령은 지루한 버스 속 분위기를 일신했다. 경제통 장성환 · 황희태 사장은 희귀하게 경제 세계를 안내. 달러 : 유로화 = 1 : 1이 될 것이니, 달러 투자는 아직도 유효하다. 공원 부지, 도시 근교 농지는 전

망이 좋다는 말은 세상모르는 샌님 나에겐 무슨 소린지 모르겠다. 여행 동료 모두에게 마이크를 돌려 언론의 민주화를 이룩한 이해준 교수의 노력은 모두 성공했다. 남편들의 자기 세계 표백, 그후 그 부인들의 가정사 이야기는 지루한 시간과 거리를 단축했다. 9시 넘어 방갈로르 도착. 한국인 식당을 겨우 찾아 식사. 호텔 Lalit에 들었다. 인도 여행의 마지막 밤이다.

제8일. 2016. 12. 21.

호텔 Lalit 07.30분 출발. 시원한 공기 위에 맑고 밝은 아침 햇살. 주정부 청사를 버스로 지나면서 관광. 주정부 선물 벽에 써있는 다음 말은 우리나라의 지금 상황에 견주어 나에게 많은 생각을 하게 했다. Government work is God's work. 인도에서 대학을 최고로 많이 창설한 맘베리칼의 동상도 인상적이었다. 주정부 광장에 서있었다.

가이드 : 코끼리 신은 시바신의 아들인데, 시바신은 흙으로 아들을 만들었다. 12, 73, 69는 4C에 산스크리트어로 쓰어진 카마수트라(Kāmasūtra : 愛經)에 있단다. 12, 73은 처음 들었다. '옴(唵)'을 '오우ㅁ'하여 발음하면 건강에 좋단다. 가루라(迦樓羅 〈 범어 Garuda) : 비슈누신이 가지고 있는 동물(새).

벵갈로르 공항. 기창 가에 앉았다. 10.25분 델리 공항 13.10분 착. 뉴델리는 1911년 영국이 만들었단다. 델리 인구 2100만. 한국 인구의 거의 반이 이 도시에 산단다. '델리

(Delhi)'의 뜻은 '마음'이란다. 인도에서 '델리'의 위치가 '심장'에 해당된다고. 중국 음식으로 점심. 시칸디 로디 무덤 향발. 입구의 울창한 나무의 좋은 경관과는 달리 모두 벗겨지고 파괴되고 탈색되어 있어 안타까웠다. 하늘을 찌르던 제왕의 무덤과 그 부속건물이 이리 황폐되었으니 힘없는 민초들의 삶이야 어떠했겠는가? 가이드는 인도 인구가 많지만 일찍 죽는 사람이 많아서 지금 이상은 가지 않는다. 좋은 현상인가 나쁜 현상인가 잘 모르겠다. 나도 너무 오래 살아 노인 인구의 과잉에 일조를 하고 있는 존재임을 가끔 자각한다. 우리 일행의 한 분의 말 : 인도 인구의 과잉 즉 출산의 과잉의 이유는 인도 남성의 바지(도티)에 있을 것이다. 옆의 분이 동감이라고 했다. 나도 동감이었다. 일행의 한 분이 휴대전화를 잃어버려서 마음이 짠했다. 찾을 수 있기를 벌었다.

기창(機窓) 주변 풍경

(공항에서 델리로 오는 기내에서 얻은 졸작 하나)

뜻이 있었는지
길은 아스라히 헤엄쳐 나갔다.
가끔은 고속도(高速度)로 달려갔다.
물은 여기저기 새파랗게 갇혀 있는데
강물은 용트림으로
꼬리가 더 굵어져 가고 있었다.

숲은 영장류의 모진 할퀶에 쫓겨
칠년대한(七年大旱)에 잦아드는 호숫물이다.

문명이란
지표(地表)를 할퀴어 놓은
영장류의 손톱자국인가?
기창(機窓) 밖 저기를 보아라.
우리를 업은 이 거인(巨人)의 그림자가
산과 들을 번개처럼 달려감을.

솨아솨아 우웅우웅우웅
무거운 굉음(轟音) 위에 떠서
쇠새〔鐵鳥〕속의 고운 여인이
날라주는 기름진 모이를,
묶인 몸으로도 좋아라서
주린 새처럼 콕콕콕 쪼면서 나는,
신선이 어디 있을까를
곰곰이 생각하고 있었다.
세상에.

*** 몇 개의 인도말 단어**
코끼리 : 하티.
석류 : 아나르.
예/네(yes) : 단지.
아니/아니오(no) : 너히.
살송이 : 링감.
살꽃 :요니.

물고기(fish) : 머처리.

쇠고기(beef) : 가여.

돼지고기(pork) : 쑤얼어.

남자의 하의 : 도티.

여자의 옷 : 사리.

쌀(米) : 짜월.

고맙습니다 : 단야와드. 슈크린(힌두어). 난드리(타밀어).

유칼립투스 : 스페타.

보리수 : 피플(peepul). 피팔(pipal).

하나 : 에크.

상아(象牙) : 딘트.

※ 위의 글 중에서 인도의 풍물에 관한 것은, 가이드 라케슈가 말해 준 내용을 정리한 것이다. 따라서 사실 여부가 의문인 곳도 꽤 있다. 세상의 모든 것, 책속에 써 있는 것들도 그런 것 아닐까?

나는 지구가 둥글다는 말이나, 물[水]이 수소 2 분자, 산소 1분자[H_2O]로 이루어져 있다고 하는 것도, 직접화법으로 말하면 안 된다고 믿는 사람이다. "네가 봤나?"라고 항의하는 사람에게 할 말이 없기 때문이다. 내가 본 것도 다 믿을 것은 못 되지만. '~단다', '~란다', '~라고 하더라', '~(다)라 카더라'라고 해야 옳다고 믿는다.

실제로 나에게는 관광 여행에서, 안내에게 들은 대로 믿고 글을 썼다가 낭패를 본 경험이 있다. 그래도 나는 그 믿지 못

할 가이드의 말을 들으려고 인도까지 갔었고, 그 말을 메모하여 와서 여기에 또 옮겼다. 이 이외엔 어떤 묘방이 또 있겠는가.

※이렇게 옮겨놓고 나서도 곳곳에 써 있는, 'Incredible India'의 'incredible'의 여러 의미 (①거짓말 같은, 터무니없는, 놀라운. ②믿을 수 없는, 신용할 수 없는.) 중에서 어느 것 하나를 고른다면, 무엇을 골라야 할지를 나는 잘 모르겠다. 인도는 이들의 전부일까?

70

짧은 여정, 긴 여운

강헌규 기행(紀行) 시집

발 행 일 | 2019년 1월 24일
지 은 이 | 강헌규
발 행 인 | 李憲錫
발 행 처 | 오늘의문학사
출판등록 | 제55호(1993년 6월 23일)
주　　소 | 대전광역시 동구 대전로867번길 52(한밭오피스텔 401호)
전화번호 | (042)624-2980
팩시밀리 | (042)628-2983
전자우편 | hs2980@hanmail.net
카　　페 | cafe.daum.net/gljang(문학사랑 글짱들)

공 급 처 | 한국출판협동조합
주문전화 | (070)7119-1752
팩시밀리 | (031)944-8234~6

ISBN 978-89-5669-984-4
값 9,000원